Tirso de Molina

El mayor desengaño

Barcelona **2024**
Linkgua-ediciones.com

Créditos

Título original: El mayor desengaño.

© 2024, Red ediciones S.L.

e-mail: info@linkgua.com

Diseño de cubierta: Michel Mallard.

ISBN tapa dura: 978-84-1126-190-6.
ISBN rústica: 978-84-9816-500-5.
ISBN ebook: 978-84-9953-110-6.

Sumario

Brevísima presentación

La vida

Tirso de Molina (Madrid, 1583-Almazán, Soria, 1648). España.

Se dice que era hijo bastardo del duque de Osuna, pero otros lo niegan. Se sabe poco de su vida hasta su ingreso como novicio en la Orden mercedaria en 1600 y su profesión al año siguiente en Guadalajara. Parece que había escrito comedias, al tiempo que viajaba por Galicia y Portugal. En 1614 sufrió su primer destierro de la corte por sus sátiras contra la nobleza. Dos años más tarde fue enviado a la Hispaniola (actual República Dominicana), regresó en 1618. Su vocación artística y su actitud contraria a los cenáculos culteranos no facilitó sus relaciones con las autoridades. En 1625, el Concejo de Castilla lo amonestó por escribir comedias y le prohibió volver a hacerlo bajo amenaza de excomunión. Desde entonces solo escribió tres nuevas piezas y consagró el resto de su vida a las tareas de la orden.

Personajes

Bruno, galán
Marción, su criado
El Padre de Bruno
Ataulfo, galán
Un Tío de Evandra
Soldados
Visora, dama
Leida, música
El Rey de Francia
La Reina de Francia
Marcela, dama
Hugo, papa
Evandra, dama
Laureta, su criada
El conde Próspero
Lorena, dama
Enrico, emperador
Milardo
La Emperatriz
Roberto
Lucio, estudiante
Filipo, esudiante
Laura, dama
Un Ángel

Jornada primera

(Salen Bruno, galán, Marción, de capigorrón, Evandra, dama, y Laureta, su criada, con mantos.)

Bruno   ¡Extraña estás!

Evandra   No te espantes.

Bruno   ¿Cómo es posible me tengas
                 amor, si cruel te vengas
                 con desdenes semejantes
                     de males que nunca te hice?

Evandra   ¡Qué terribles sois los hombres!

Bruno   Si me abraso, no te asombres.

Marción   ¡Qué lo alajú que lo dice!

Bruno   O me quieres bien, o no.

Evandra   Quiérote con amor casto.

Bruno   ¿Que a persuadirte no basto
                 a darme una mano?

Laureta   ¡Jo!

Marción   Como allá se manosean
                 de lenguas, yo soy amigo
                 de obrar callando.

Laureta   ¡Jo, digo!

Marción

De «jo» tus requiebros sean.
  «Jo» digas cuando te cases.
Cuando el «sí» vayas a dar,
digas «jo». Cuando a fregar
ollas y platos repases,
  por tiple o por contrabajo
cantes «jo». Pues lloro yo,
que al fregar no es malo el «jo»,
si en «jo» acaba el estropajo.
  «Jo» te llame tu señora.
«Jo» seas en toda parte.
«Jo» digas al acostarte;
«Jo» cuando salga la aurora.
  «Jo» sea tu sí y tu no;
«jo» en plazas, tiendas, calles,
y en fin, un marido halles
con la paciencia de un Job.

Bruno

  Evandra, si cuando dejo
tantos aumentos por ti,
letras a quien años di,
respetos de un padre viejo,
  grados de universidades,
leyes por las de tu amor,
cargos que ofrece el favor,
honras que son dignidades,
  ¿qué estado habrá que me cuadre,
pues maltratas mi deseo,
cuando despreciado veo
por ti mi estado y mi padre?
  ¿El darme una mano bella
fuera mucho galardón?

Evandra

Sí, Bruno, que la opinión
tengo de mi honor en ella.
  Vive el recato entre miedos
de menosprecios villanos;
den otras el gusto a manos,
que yo dudo darlo a dedos.
  Si lo que por mí has dejado
en mi amor cobrando vas,
juzga tú cuál vale más,
¿lo perdido o lo ganado?
  Un alma ganas, que animas
con las llamas de tu amor,
un escrupuloso honor
que por recatado estimas.
  Pierdes letras y opinión
de estudios en que amor calma;
por libros te doy el alma,
y por grados mi afición.
  Si ésta es más, deje que llegue
su tiempo, que yo sé, Bruno,
que me pides, importuno,
lo que gustas que te niegue.

Marción

  ¿Que no hay darme una manopla
a quien mis versos dedique?
¿Siquiera un dedo meñique,
una uña?

Laureta

          ¡Jo, digo!

Marción

                  ¡Sopla!
  «Jo» y bofetón, presa y pinta.
La mano te pido yo,
pero en los carrillos no,

que es firma sin pluma y tinta.

Bruno   Seis años ha que te adoro.

Evandra   Otros tantos ha que en ti
nuevo dueño al alma di.

Bruno   Todas las joyas y el oro
    que de mi madre heredé,
y en ti mejoran de dueño,
te traigo. Don es pequeño;
mas quilates de mi fe
    le darán nuevo valor.
Recibe mi voluntad
y verás su calidad.

Evandra   A poder, Bruno, mi amor
    ofenderse, me avergüenzo
de ver que tan mal le apoyas.
De afrentadas esas joyas
se esconden en ese lienzo;
    y aunque con prendas tan bajas
me ofendes, de tu oro advierto
que en fe de que viene muerto
para mi amor, le amortajas.
    Seis años de voluntad
¿se pueden satisfacer
con oro? ¿Soy mercader
que vendo mi libertad?
    ¿Qué ignorancia hacerte pudo
intentar tan vil quimera?
Si Amor vestirse quisiera,
no se pintara desnudo;
    pero tú para que torne

a agraviar en él la vista,
lienzo le das que se vista
y joyas con que se adorne.
    Déjame y véte.

Bruno   Oye, escucha;
no te alteres, no te enojes.

Marción   Hoy somos todos relojes.
También yo tengo mi hucha.

(Saca un pañuelo muy sucio y roto.)

    Cuatro cuartos bien contados
en ese pañuelo van,
que si escudos amos dan,
damos cuartos los criados.
    Porque aunque hay relojes hartos,
hay unos que así te goce
no paran hasta dar doce,
otros que dan cuatro cuartos.
    No alcanzan a más mis bríos;
recibe el escaso don,
que si cuatro cuartos son,
serán ocho con los míos.
    Toma, ¿qué te melindrizas?
Tu padre es éste, señor.
A no venir ciego Amor,
por Dios que me descuartizas.

(Sale el Padre de Bruno.)

Padre   Buenos logros de tu estudio
das a mis prolijos años,

a la opinión de tu ingenio
y al sudor de tus trabajos.
Buen empleo hizo la hacienda
que tanto tiempo he gastado
contigo en París, Bolonia,
Lovaina y Praga. Letrado
en las leyes de tu amor,
ya que no en sus desengaños,
la cátedra lees de prima,
amante ya que no sabio.
¿Honras así la nobleza
que de tus antepasados
es espejo de Colonia?
¿Éste es merecido pago
de un padre que deposita
su ser en ti, y te ha entregado
por ser único, en mi casa,
su valor y sus cuidados?
¿Tú te casas sin mi gusto?
¿Tú, a mis consejos contrario,
el honesto traje truecas
de escuelas que ilustra a tantos,
por las galas licenciosas,
y para volar más alto,
mudas plumas, torpe y ciego,
al sombrero de la mano?
¡Plegue a Dios...

(De rodillas.)

Bruno   Padre y señor,
después de poner los labios
donde tú pones los pies,
tus canas reverenciando,

14

respondo humilde a tus quejas,
que aunque cuerdo he procurado
seis años ha obedecerte,
inclinaciones forzando,
ni ausencias, madres de olvidos,
ni estudios siempre contrarios
de la ociosidad dañosa,

ni entretenimientos castos
pudieron ser de provecho
a borrar de mis cuidados
el amor que a Evendra tengo,
de su hermosura el retrato.
Si supieras diligencias
qué en tu obediencia buscaron
remedios contra mi amor,
desvelos que me han costado,
yerbas, palabras, conjuros,
compañia de hombres sabios,
juegos, entretenimientos,
ya en la ciudad, ya en el campo,
lástima en vez de rigor
me tuvieras; mas son falsos
los remedios que dio Ovidio
contra este ciego tirano.
¿Qué importa que padre seas
y que los preceptos santos
de mi ley a obedecerte
me obliguen, si me inclinaron
las estrellas superiores,
que estando en lugar más alto
la jurisdicción te usurpan,
de quien me confieso esclavo?
Por la mujer, dijo Dios,
que dejaría olvidado

el hombre su padre y madre.
Ni te olvido, ni he dejado;
pero, ¿qué tengo de hacer,
si las estrellas, los astros,
mi inclinación, mis deseos,
la libertad me usurparon?
Tú eres solo; muchos ellos;
Amor, dios fuerte; yo, flaco;
bella Evandra; ¿cómo puedo
hacer resistencia a tantos?
Sangre ilustre, padre, tienes,
y el copioso mayorazgo
que me dejas en herencia,
basta a darme noble estado.
Estudien hijos segundos,
que en las letras han cifrado
la dicha de sus aumentos,
vinculada en sus trabajos,
que los únicos, cual yo,
cuando al ocio y al regalo
den generosos desvelos,
ni es menosprecio ni agravio.
Evandra, si no tan rica,
porque los cielos cifraron
tesoros en su hermosura,
discreción, honra y recato,
es tan noble como yo.
No permitas, si eres sabio,
que me case con el oro,
ocasión de tantos daños.
Dotes que maridos compran,
los obligan como a esclavos
a indignidades de honor,
por ser maridos comprados.

Así, padre, siglos cuentes,
que permitas mi descanso,
y, antes que deje estos pies
pueda a Evandra dar la mano.

Padre   Antes que mis canas vean
mi afrenta, tu desacato
y delhonra de tu sangre,
plegue al ciclo...

Marción (Aparte.)   (Ya plegamos.)

Padre   ...que la noche de tus bodas
trueques gustos en agravios,
y el tálamo que deseas
manchen adúlteros brazos;
jamás te mire amorosa,
desdenes sean sus regalos,
menosprecios sus favores,
sus promesas, engaños.
No fertilice con hijos
tu desobediente estado,
y si los tienes, pobreza
mezcle su amor con trabajos.
Tus más amigos te vendan,
tengan poder tus contrarios
en tu deshonra mas... no...
Hágate Dios un gran santo.
Pero ¿cómo se enternece
un corazón injuriado
de un hijo, que tanto quiso
a un padre, a quien debe tanto?
Plegue al cielo, si en mi ofensa
dieres la atrevida mano

a esa mujer, pobre al fin,
que es la afrenta de más caso,
que todos te menosprecien,
no te acompañen hidalgos,
de desleales te sirvas,
pidas limosna a villanos;
si jurares no te crean,
en cuanto pusieres mano
desdichas te agüen aumentos;
cuanto estés más confiado
de la lealtad de un amigo,
te usurpe lo más preciado
de tu gusto; pero... no...
Hágate Dios un gran santo.

Evandra   Si no tuviera respeto
a tus venerables años
y al amor que tengo a Bruno,
de tu nobleza traslado,
pudiera ser respondiera
a medida del agravio
que en mi calidad injurias
si no descortés, osado.
Mi sangre no desmerece
darte nietos, pues honraron
mis progenitores nobles
augustos triunfos y lauros.
Si a falta del oro vil,
que califica villanos,
supliendo sangres ilustres,
dorando quilates bajos,
mi nobleza en poco tienes,
guarda tesoros avaros,
que los de mi honor estimo

como más calificados.
No vendo a peso de hacienda
la calidad que he entregado
a persuasiones de Bruno,
a fuer de mercader falso;
solo noble correspondo
en amorosos contratos
a la fe con que me sirve.
Firme, no rico, le amo.
Y agradece la firmeza
con que en mi pecho ha arraigado
su proceder generoso
la fe de su noble trato;
que a poderle despreciar,
causa en tus palabras hallo
para que de él ni de ti
hagan mis injurias caso.

Bruno   Padre... señor... ¿es posible
que con ruegos no te ablando?
Si estimas tesoros, coge
perlas de estos ojos claros,
oro de aquesos cabellos,
rubíes de aquesos labios,
satisfarás intereses
que está el amor envidiando.

Padre   En fin, ¿contra el gusto mío
te intentas casar, dejando
burladas mis esperanzas?

Bruno   ¿Qué he de hacer, si Amor tirano
violenta, padre, deseos?

Marción   Si no es más en nuestra mano,
             ¿qué habemos de hacer los dos
             sino echar cosas a un lado?

Padre   No me llames padre más.

Bruno   Mi padre y señor te llamo.

Padre   Mientes.

Marción   ¡Ay!, cargado queda.

Padre   Hijos que degeneraron
             de su valor, no son hijos,
             sino espúreos y bastardos.
             Desde aquí te desheredo,
             que aunque te faltan hermanos,
             sobrinos ilustres tengo,
             no cual tú, locos e ingratos.
             Si más los umbrales pisas
             de mi casa...

Marción (Aparte.)   (Aquí entra un palo
             de molde.)

Padre   ¡Viven los cielos!
             Que ha de matarte un esclavo.
             Susténtete tu mujer;
             si en sus dientes y en sus labios
             perlas tienes y rubíes,
             bien puede suplir tus gastos.
             ¿Qué joyas, traidor, son éstas?

Marción   Escondo mis cuatro cuartos.

Padre   Muestra y agradece.

Marción   ¡Malo!

Bruno   Señor, mira.

Padre   Dios permita,
                         pues su enojo forja rayos,
                         que uno te abrase; mas... no...
                         Hágate el cielo un gran santo.

(Vase el Padre de Bruno.)

Marción   A la Luna de Valencia
                         parece que nos quedamos.
                         ¿Que habemos de hacer agora?

Bruno   ¡Hay tal crueldad?

Marción   ¡Oh, viejazo!

Bruno   Mi bien, si anda Amor desnudo,
                         Amor soy, pues le retrato.
                         Padre y casa por ti pierdo,
                         gloria y dicha por ti gano.
                         ¿Quieres que sea tu huésped?

Evandra   No, Bruno, que los engaños
                         temo que otro huésped hizo
                         a la viuda de Cartago.

Bruno   Llévame a tu casa.

Evandra   Tengo
un tío viejo y avaro,
y no lo consentirá,
que es mal acondicionado.

Marción   Laureta, ¿no habrá un rincón
entre sartenes y cazos?
Llévame contigo.

Laureta   Tengo
a la escalera un alano
que una pierna se merienda,
y en la cocina dos gatos
con unas uñas de a jeme.

Marción   Buenas son para escribanos.

Bruno   En fin, ¿te vas y me dejas?

Evandra   El alma te ha aposentado
en medio del corazón.

(A Laureta.)

Marción   Y el cuerpo, a ti suspiramos,
¿que me dejas y te vas?

Laureta   El alma, gorrilacayo,
le llevo, que el cuerpo no.

Marción   ¿Almas llevas? Serás diablo.

(Vanse Evandra y Laureta. Sale el conde Próspero.)

Próspero   ¿Qué tenéis en esta calle,
            Bruno, que tan de ordinario
            deseos avecindáis
            en ella? Jamás os hallo
            cuando os busco, sino aquí,

Bruno   ¡Oh, Conde y señor! Son pasos
            de la pasión de mi pena
            los que por esta calle ando.
            Aquí vive quien me mata.

Próspero   ¡Gracias a Dios que he sacado
            en limpio que sois amante.

Bruno   Venturoso y desdichado.

Próspero   Ésas son contradictorias.

Bruno   Correspóndeme quien amo,
            y desdéñame amorosa.
            Veis aquí los dos contrarios.

Marción   Lo cierto es, señor, si puede
            a un Conde hablar un lacayo
            bachiller en la carteta
            y en el pasar licenciado,
            que el estar a tales horas,
            cuando Febo está jugando
            con la noche al escondite,
            es solo a falta de rancho.

Bruno   Calla, loco.

Próspero   ¿Cómo es eso?

Bruno   En la nobleza fiado
y amistad que os acredita,
os contaré sin cansaros .
mis desdichas brevemente.
Sirvo a Evandra, habrá seis años,
origen de la hermosura,
de sus efectos milagro.
Honradas correspondencias
alientan deseos tiranos,
Y refrenan osadías
entre el amor y el recato.
Pienso casarme con ella,
a cuya causa he mudado
el hábito y profesión,
contradiciendo cuidados
de mi padre, que lo estorba.
Hallóme con ella hablando
a sus puertas, de su luz
tellizo cortina, un manto.
Alborotóse de verme
mi viejo padre, aumentando
lágrimas con maldiciones,
unas nubes y otros rayos;
y al fin, viendo que rebelde
en este Sol idolatro,
de su casa me despide,
injurias multiplicando.
Pedí a mi Evandra que fuese
la suya hospicio y sagrado
de mi destierro y amor;
pero como puede tanto
la Ocasión con él, temióla,
y escarmientos del troyano

huésped de la amante Elisa
hoy su puerta me cerraron.
Como sin padre me veo
y sin casa, recelando
perder mi dama también,
me quedé filosofando
quimeras, que en veros, conde,
cesan, pues con vuestro amparo
no echo menos padre y casa.

Marción   ¿Éste es el benedicamus?

Próspero   Agora que sé que puedo
serviros, amigo, en algo,
en albricias de la pena
os doy...

Marción (Aparte.)   (¿Dineros?)

Próspero   ...los brazos.
Si os casáis, tendréis en mi
padrino. Si os ha negado
vuestro padre, en mi hallaréis,
ya que no padre, un hermano.
¿Qué tengo yo que no sea
vuestro?

Bruno   Sois ejemplo raro
de la amistad y nobleza.

Marción   Sois...

Bruno   ¡Ah, necio!

Marción   ...largo y ancho.

Próspero   Hacienda hay para los dos.

Bruno   Alargue vida y estados
                  el cielo a vuestra nobleza.

Marción   Y a mí, ración y salario.

(Sale Evandra a la ventana.)

Evandra   ¡Qué mal hice en despedirle!
                  Corta y descortés he andado.
                  Cuando mi casa le niegue,
                  favores le dan regalos.
                  ¿No se ha ido? Señor mío,
                  ¿Sois vos?

Marción   Bruno serenado
                  y yo somos maza y mona
                  que un romadizo aguardamos.

Bruno   Soy, Evandra de mis ojos,
                  un enfermo que esperando
                  que salga el Sol de tu luz,
                  a tus umbrales aguardo.
                  ¿Quieres abrirme, mi bien?

Marción   Abra, mientras que yo abro,
                  entre dormido y hambriento,
                  bostezos y boca a palmos.

Evandra   Perdona si mis recelos
                  se muestran contigo avaros,

y el hospedaje te niega
quien su libertad te ha dado.
Amor es niño, y se atreve,
si solo y determinado
le ofrece el tiempo y la noche
cabellos ocasionados.
Yo estimo tanto mi honor,
que no ha de tocar mi mano
quien no me la dé de esposo
debajo del yugo santo.
Y es esto con tanto extremo,
que cuando hubiera llegado
a tomármela por fuerza
el hombre más torpe y bajo,
o me casara con él,
o hiciera matarle en pago
de su loco atrevimiento.
Esto obliga a mi recato
a no admitirte en mi casa;
pero si quieres despacio
hablarme y verme, esta noche
Lorena me ha convidado,
que es mi amiga y es mi deuda,
a divertir el enfado
del calor, entreteniendo
juegos noches de verano.
Dos casas vive de aquí;
procura que nos veamos.
Dispondremos nuestras cosas,
y adiós. ¡Hola! dame un manto.

(Vase Evandra.)

Marción   ¿Juegos sin cena? ¡Abrenuncio!

Manden que nos echen algo,
ya sea asado o cocido,
que a la hambre no hay pan malo.

Bruno

Conde, esta noche pretendo,
temores asegurando,
desposarme con mi Evandra,
si ayudáis mi intento casto.
Yo sé que ella lo desea,
y mi padre, aunque enojado,
es padre, en fin, y piadoso,
en olvido pondrá agravios.
¿Qué os parece?

Próspero

                    Divertido
estaba. Si desposaros
intentáis, padrino soy;
no cuidéis de costa y gastos.
Vamos a trocar vestidos
de gala.

Bruno

                A estar Alejandro
vivo ¡qué envidia os tuviera!

Próspero (Aparte.)   (¡Oh, mujer divina!)

Bruno

                            Vamos.

Próspero (Aparte.)   (Si con palabras hechizas,
¿que harás con los bellos rayos
que en tu hermosura contemplo?
Amor ciego, retiraos;
pensamientos, resistid,
que si cobardes Y flacos

os rendís, mi amigo ofendo;
mas con Amor no hay agravios.

(Vanse Bruno y Próspero. Sale Laureta a la ventana.)

Marción   ¡Cé, Laureta! ¡Ce! ¡Ce! ¡Ce!

Laureta   ¿Quién llama?

Marción   Yo llamo y amo.

Laureta   ¿Y qué me quieres?

Marción   Que me quieras.

Laureta   Lávese primero.

Marción   Lavo
cara, sotana y manteo,
para servirte lavado.

Laureta   ¿Y tiene agua?

Marción   No.

Laureta   ¡Agua va!

(Arrójale agua y retírase.)

Marción   ¡Ay! ¿Ésta es agua? Éste es caldo.
Llena está de zarandajas;
Hueso es éste, éste estropajo.
¡Oh, ladrona! No os me iréis
al otro mundo a pagarlo.

(Vase Marción. Salen Ataulfo y Lorena.)

Lorena   ¡Qué quieres! estoy celosa,
                  Ataulfo, con razón.

Ataulfo   Espuelas los celos son
                  de una pasión amorosa;
                     mas sin causa, ya tú ves
                  si serán, Lorena, injustos.

Lorena   Eres tratante de gustos;
                  grande será tu interés.
                     ¿Qué tanto habrá que no vienes
                  a esta casa?

Ataulfo   Ocupaciones
                  impiden tanto...

Lorena   Aficiones,
                  dirás mejor. ¿Las que tienes
                     te impidieran el venir
                  a verme?

Ataulfo   ¡Qué tal escucho!

Lorena   Haste encargado de mucho;
                  no con todo has de cumplir.
                     Lo que no es tan importante,
                  que es mi honor, olvidarás.

Ataulfo   Pesada, Lorena, estás.
                  No pase más adelante
                     tu enojo, que, vive Dios,

a pensar que hablas de veras,
que a mi muerte causa dieras.
Amor puede entre los dos
   hacer paces, que en cuidados
como estos, los celos son
como quien mete quistión
entre dos enamorados,
   que después de estar reñidos,
pasado el primer furor,
aumenta llamas su amor
y ellos se quedan corridos.

Lorena   Ahora bien; yo te perdono
como propongas la enmienda.

Ataulfo   No hay cosa en mí que te ofenda.
Mi firmeza está en abono.
   ¿En qué pasatiempo piensas
pasar esta noche injurias
del calor?

Lorena   Contra sus furias
tú entretienes y dispensas,
   que como amor predomina,
su fuego, y no el tiempo, abrasa.
Esperando estoy en casa
a Evandra, nuestra vecina.
   Es amante suyo Bruno,
y como a honrados respetos
del Amor viven sujetos,
les doy lugar oportuno
   para que se vean aquí.

Ataulfo   Bruno es cuerdo y es mi amigo.

Más a quererte me obligo
si ayudas su amor así;
    pero éste debe de ser.

(Sale el conde Próspero.)

Próspero

Ociosidad y calor
necesitan el favor,
Lorena, que entretener
    sabe, cortés y discreto,
a quien se vale de vos.

Ataulfo

¡Conde y señor!

Próspero

                    De los dos
buena noche me prometo.

Lorena

    ¿Vueseñoría en mi casa?

Próspero

Una huéspeda tan bella
habéis de tener en ella,
que su memoria me abrasa.
    Da licencia a mi deseo
y anima mis desatinos;
pero con tales padrinos
como en vosotros dos veo,
    no saldrá mal despachado
el pleito con que he venido.

Ataulfo

Por señor os he tenido,
de serviros me he preciado,
    y comprara yo ocasiones
a costa de mis desvelos
para serviros.

Próspero   Con celos
amor y imaginaciones
   vengo, Ataulfo, a ampararme
de vuestro noble favor
y de Lorena.

Lorena   Señor,
serviros de mí, es honrarme.

Próspero   ¿A Evandra habéis convidado
esta noche?

Lorena   Y tarda ya.

Próspero   Bruno, que en su amor está
tiernamente transformado,
   contándome sus empleos,
de suerte me encareció
su hermosura, que engendró
en mí, si no amor, deseos.
   Dióle audiencia una ventana,
de mí libertad hechizo,
de donde le satisfizo
tan honesta y cortesana,
   que aunque la tiniebla oscura
ver su cara me negó,
su discreción confirmó
en mis penas su hermosura;
   porque alma tan discreta,
¿quien duda que en cuerpo vive
hermoso, y que la apercibe
posada en todo perfeta?
   A ver por los ojos vengo

si corresponde esta dama
¿con mis dudas y su fama.

Lorena

Yo por dichosa me tengo
  de que hagáis esta experiencia
en mi casa, y si a testigos
de toda verdad amigos
gustáis de dar fe en ausencia,
  yo os prometo que Evandra
es envidia de la hermosura.

Ataulfo

Y en donaire y hermosura,
hija de las Gracias tres.

Lorena

  ¿No basta que yo la alabe,
sin que vos seáis su orador?

Próspero

¿Son celos?

Lorena

Celos y amor.

Próspero

Es un mixto ése suave.

Lorena

  Y ésta, Evandra, que ha venido
a sacarme verdadera.

(Salen Evandra y Laureta con mantos.)

Evandra

Amiga.

Lorena

  A quien os espera
amante, habéis ofendido.

Ataulfo

  Y a esta casa, que sin vos

todo bien juzga pequeño.

Evandra   No echará menos su dueño
ocupándola los dos.

Lorena   Hablad al conde, a quien debo
por vos aquesta merced.

Próspero (Aparte.)   (¡Ojos, venda os poned,
no os cieguen rayos de Febo!)

Evandra   Vueseñoría me dé
sus manos.

Próspero (Aparte.)   (A ser de esposo,
mil veces yo venturoso.)
    Una alma, Evandra, os dare,
que se enamoró de oiros,
y os idolatra de veros,
se eterniza con quereros,
    y se honra con serviros.

Evandra   A no saber yo cuán largo
sois, señor, en dar favor
a medida del valor,
que siempre tenéis a cargo,
    y mis méritos indignos,
o me hiciérades correr,
conde, o ensoberbecer.

Próspero   Si en esos ojos benignos,
    para Bruno, y para mí
no oso decir rigurosos,
pensamientos amorosos

hallasen piedad, aquí
   dará un conde que os adora
a su ventura la palma,
haciéndoos, como del alma,
de cuanto tiene, señora.

Evandra
   Suplico a vueseñoría
que mude conversación,
que afrentarme no es razón,
aunque honrarme es cortesía.

Próspero
   La verdad, por Dios, os digo.

Evandra
Serálo el encarecer,
pero no podré creer
que en ofensa de un amigo,
   a quien su favor admite,
mientras que no desmerece
cuando su casa le ofrece,
su dama le solicite.

Próspero
   Si es Bruno, culpad su amor,
pues ofendiendo el secreto,
aunque amante, fue indiscreto
y necio encarecedor
   de belleza, cuya copia
materia ha dado a mi pena,
pues peligra en dama ajena
y deshonra en mujer propia.
   Yo estimaba su amistad,
mas ya no será razón
habiendo sido ocasión
de perder mi libertad.
   Dejad que mi dicha ordene,

aunque mi lealtad estrague.
Quien tal hace, que tal pague;
quien tal paga, que tal pene.

Evandra   Yo, Conde, soy diferente
de opinion, que es rigor grave
que Bruno me alabe,
olvidándole le afrente;
     y quiero que sea testigo
de mi amor la noble llama;
que sé hacer más firme dama
que vos, Conde, fiel amigo.

Ataulfo   Ahorremos de intercesiones,
Lorena, que lo mejor
entre pendencias de amor
es ofrecer ocasiones.
     El conde es noble, y merece
lo que Bruno es razón pierda;
su alabanza poco cuerda
justo castigo le ofrece.

Lorena   Quédense solos los dos,
y averiguen sin testigos
obligaciones de amigos
y de amantes.

Ataulfo (Aparte.)   (Bien, por Dios.
Las luces mato, fingiendo
que voy a despabilarlas.)

(A Próspero.)

Lorena   Las ocasiones, gozarlas

el que es sabio.

Próspero   Ya te entiendo.

(Vanse Ataulfo y Lorena, después de apagar las luces.)

Evandra   ¡Ay, cielos! Conde ¿qué es esto?

Próspero   Fuerza, Evandra, de mi amor.

Evandra   Ataulfo, ¿vos traidor?
                   ¿Vos, conde, tan descompuesto?
                      ¿Tú, Lorena, desleal?
                   Soltad, conde; soltad, digo;
                   torpe amante, ruín amigo.
                   ¡Soltad la mano!

Próspero   En igual
                   correspondencia, si pasa
                   mi amor a lo que interesa,
                   seréis mi esposa y condesa.
                   Dueño seréis de mi casa.
                      Quien os tocase la mano,
                   oí yo que había de ser
                   vuestro esposo, y sois mujer
                   noble y firme, no hagáis vano
                      juramento en que me va
                   la vida. La mano os toco;
                   yo os adoro. Yo estoy loco.

Evandra   Basta, conde, basta ya.

(Salen Ataulfo y Lorena con luces.)

Ataulfo   Bruno, Próspero, está en casa;
                 sosegaos y componeos.

Próspero   ¡Ay, amorosos deseos!
                 ¿Qué hará un alma que se abrasa?

(Salen Bruno y Marción.)

Bruno   Por la mano me ganáis,
                 señor conde.

Próspero   Por la mano
                 que pierdo, la mano gano.

Bruno   ¡Qué solícito me honráis!

Marción   Ya yo he mudado de pelo.
                 ¿No me ves en otro traje,
                 Laureta?

Laureta   ¿Es lacayo o paje?

Marción   Laquipaje, ¡vive el cielo!
                 No hay caballos que curar;
                 mientras se compra un morcillo,
                 a fuer de obispo de anillo,
                 soy lacayo titular.

Bruno   Turbada, mi Evandra, estáis.

Evandra   Ocasión debe de haber.

Bruno   Mis desdichas deben ser.

Evandra   Es, sin duda.

Bruno   Vos bastáis
a aliviarlas y el favor
que por el conde consigo.

Evandra   Tenéis en él un amigo
de notable ley y amor.

Lorena   Remitid cosas de amores
para después, y juguemos
un rato.

Evandra   ¿A qué?

Lorena   Bien podremos
pasar jugando a las flores
horas que pasadas son
por el calor.

Próspero (Aparte.)   (Niño astuto,
en flor estáis; dadme fruto,
que no hay bien sin posesión.)

Bruno   Sentémonos, pues, si el conde
gusta de nuestros floreos.

(Siéntanse y sacan una cesta de flores.)

Próspero   Si a flores de mis deseos
igual fruto corresponde,
poco va de juego a fuego.
Jugando pienso abrasarme.

Lorena

Tome el conde.

Laureta

             ¿Y no ha de darme
también flores?

Marción

             Ya llego
a entregarte la más bella,
y más olorosa flor,
porque sospecha mi amor,
Laureta, que estás sin ella.

Laureta

   Miente el pajilacayazo.

Marción

Esta hoja en su lugar lleva,
y taparáste como Eva
con la hoja de un lampazo.

Laureta

   Ésta es ortiga.

Marción

             Perdona
si te he venido a picar,
porque así pienso pagar
el «agua va», socarrona.

Próspero

   Este clavel me ha cabido.

Ataulfo

¿A qué dama se le dáis?

Próspero

Donde vos, Evandra, estáis,
fuera mi amor sin sentido,
   si duraron mis cuidados
de dárosle en esta empresa.

Lorena

El cielo os haga condesa.

Ataulfo   Dios os haga bien casados.

(Levántase y quítale la flor.)

Lorena   Evandra y el conde vivan.

Ataulfo   Para en uno son los dos.

Bruno   ¿Qué es eso, Próspero? Vos,
                   en quien mis honras estriban,
                     ¿consentis que os intitulen
                   esposo de quien adoro?

Marción (Aparte.) (¡Por Dios, que han soltado el toro!)

Bruno   No es bien que se disimulen
                     mis agravios. Con la espada
                   pienso deshacer traidores
                   engaños, que cifran flores
                   contra una amistad quebrada.

Próspero   Bruno, advertid que conmigo
                   no es justo que compitáis,

Bruno   ¿Fe rompéis y flores dáis?
                   ¿Vos sois noble? ¿Vos amigo?

Próspero   Soy noble, y por eso os dejo;
                   soy digno merecedor
                   de Evandra, y es mi valor
                   tal, si no mudáis consejo,
                     que os obligará a dejar
                   prenda que no merecéis.

Bruno

 ¿Cómo celos, si esto veis,
no me procuráis vengar?

Ataulfo

  Bruno, en aquesta ocasión,
temed la airada venganza
del conde.

Bruno (Aparte.)

   (Presto me alcanza,
padre, vuestra maldición.
 Ya el amigo en quien fié
la prenda de más estima,
me usurpa.

Marción (Aparte.)

   (Al conde se arrima
todo hombre. Lo mismo haré.)
 ¡Viva quien vence!

Ataulfo

    Dejad,
Bruno, locas competencias,
y veréis las experiencias
que obligan a mi amistad
 a este lado contra vos.

Lorena

Bruno, a Evandra el conde adora.

Marción

Bruno, disimula agora,
que eres uno, y ellos dos.

Bruno

 Ingrata, ¿así corresponde
tu amor mudable a seis años
de penas?

Ataulfo

  Los desengaños

juzguen si es mejor un conde
    de quien Evandra sea esposa,
que no un pobre caballero.

Bruno   ¿Muda estás, cruel? Ya infiero
                   que consientes engañosa.

Evandra   ¡Cielos! ¿Hay tal confusión?

Marción   Ella es una buena lanza,
                   fuego azul.

Bruno (Aparte.)   (Presto me alcanza,
                   padre, vuestra maldición.)

(Sale el Tío de Evandra.)

Tío   ¿Qué alboroto desatina
                   la vecindad de este modo?

Marción (Aparte.)   (¿Mas que viene el barrio todo?)

Tío   Tenéos, ¿qué es esto, sobrina?

Bruno   Bruno, ¿qué es esto? Pasiones
                   del amor y la amistad
                   son contra la deslealtad
                   sobre las jurisdicciones.

Próspero   Parte sois de esta causa, pues sois tio,
                   Artemio noble, de mi Evandra bella,
                   y juez habéis de ser, que de vos fío,
                   la sentencia en favor de mi querella.
                   Vendióse Bruno por amigo mío;

pero interés de Amor, ¿qué no atropella,
si es mercader que en ferias de amistades
amigos vende y compra voluntades?
    A vuestra Evandra amaba, hermoso objeto
de mi ventura, y fue correspondido
seis anos, aunque a costa del respeto
que a sus letras y padres ha perdido.
Desheredóle en fin, forzoso efeto
de un hijo inobediente y atrevido.
Contóme sus desgracias y pobreza,
a que acudió piadosa mi largueza;
    encarecióme tanto la hermosura
de su dama; juntó merecimientos,
nobleza, discreción, gracia y cordura,
que despertó en mí nuevos pensamientos.
Quien a su dama alaba, ¿qué procura?
¿De qué sirven, decí, encarecimientos,
que aun dentro el alma los amantes sabios
recelan, cuanto y más rompiendo labios?
    ¿Quién alabó el manjar al deseoso
que no se lo quitase de las manos?
¿El tesoro al corsario; al ambicioso
la privanza de reyes y tiranos?
¿La empresa de valor al generoso,
joya a mujer y gala a cortesano,
ni dama a amigo, que aunque más lo fuese,
su posesion a riesgo no pusiese?
    Vi su belleza; fue mi amor testigo
de lo que puede la alabanza ajena.
Juzgad si es bien que niegue por mi amigo
mi gloria propia a costa de mi pena.
Sírvale su alabanza de castigo,
pues su lengua habladora te condena,
y Evandra, pues su mano besé, hermosa,

su juramento cumpla y sea mi esposa.

Tío   La ventura, conde ilustre,
que dais a nuestro linaje,
al ciego Amor agradezco,
si niño, con vos gigante.
Evandra, si hermosa, es cuerda,
y si elección de vos hace,
premiando su discreción,
dará valor a su sangre.
No hay duda, que os anteponga
olvidando mocedades
a Bruno, pues tal esposo
adquiere por tal amante.
Y cuando necia resista,
yo que en lugar de su padre
quedo con nombre de tío,
os la ofrezco de mi parte.
Cumplid, Bruno, mandamientos
tan dignos de respetarse,
y maldiciones temed,
siendo justas, que os alcancen.
Las letras que profesáis
seguid, pues sois estudiante,
y estudiad de hoy más por ellas
a callar, que es ignorante
quien antes de poseer
alaba prendas de nadie,
que dineros y hermosuras
siempre suelen codiciarse.
Dale Evandra, al conde el sí
con la mano.

Lorena   Amiga, baste

la resistencia que has hecho,
porque condesa te llames.
Perdióte por hablador
quien no supo conservarte.
Fue necio; el conde, cuerdo.
Quien tal hace, que tal pague.

Ataulfo   ¡Cuánto es mejor para esposo
quien solo de oír nombrarte
te amó, que quien por hablar
conservar su amor no sabe!
Bruno es pobre, el conde rico,
las maldiciones de un padre
es fuerza que participes
cuando con Bruno te cases.
Amor es fuego y sin oro
será fuerza que se apague,
que es la leña que le aumenta.
Méritos del conde sabes;
escarmiente Bruno en ti,
y si, ame otra vez, no alabe
bellezas que perder puede.
Quien tal hace, que tal pague.

Laureta   Si se ha de tomar mi voto,
danos señor que nos mande
rico y noble, que se muere
entre pobres amor de hambre.
Agarra una señoría,
visita esposas de grandes,
llévente en silla a la iglesia
y en carroza por las calles.
Quédese Bruno por bruto,
y pues es pobre, eche un guante,

que si por hablar te pierde.
Quien tal hace, que tal pague.

Evandra

Pues todos me aconsejáis
lo que también puede estarme,
y Bruno por hablador
es digno de castigarle,
con la mano doy el alma
a Próspero, cuerdo amante;
que ya de derecho es suya,
si palabras satisfacen.
No será bien que por mí,
Bruno, pierdas calidades,
como tu padre me dijo
su ponderado linaje.
A tu sotana te vuelve,
deja galas arrogantes,
cursa escuelas, mira libros,
no eres pobre, mucho sabes.
Restituye plumas leves
con que ligero volaste
desde el sombrero al papel,
que pueden eternizarte,
y a un padre restituido,
cuando obediente le agrades.
Dios te haga un gran letrado,
como te hizo un necio amante.

(Vanse todos menos Bruno y Marción.)

Marción

¡Pardiós, señor, que nos dejan
de paticas en la calle!
Tú sin dama, yo sin moza;
yo sin blanca, y tú sin padre.

¿Qué diablos hemos de hacer?
Si admitir consejos sabes
como perder ocasiones,
lo que puedo aconsejarte
es que del pródigo imites
el remedio, y cuando guardes
a los cerdos de su historia
harás la segunda parte;
que yo me voy a cumplir
maldiciones de mi madre,
que me dijo: «Yo te vea,
plegue a Dios, ventero o fraile».
A lo primero me acojo.
Quédate a Dios que te guarde,
que pues alabaste de necio.
Quien tal hace, que tal pague.

(Vase Marción.)

Bruno   Quien maldiciones no teme,
razón será que le alcancen;
quien en amigos confía,
bien merece que le engañen,
quien guarda en cofres de vidro
tesoros que han de quebrarse,
siembra arena, funda en viento,
fía en juegos, carga en naves,
cuando sus pérdidas sienta,
ni se queje, ni se aparte;
porque amigos y mujeres
vidros son, que no diamantes.
¡Oh, desengaños del mundo!
Cúrenme vuestras verdades,
pues experimento en mí

el desengaño más grande.
¿Con qué ojos podré volver
a los ojos de mi padre,
que no los ciegue mi afrenta,
que su rigor no me ultraje?
¿Volveré a cursar escuelas?
No, que aunque puedan honrarme,
mientras viviere he de ser,
si desdichado constante.
Pues ni en letras, ni en amores
tuve dicha, condenarme
quiero a la guerra, castigo
de vicios y mocedades.
Adios, patria; adios, amores;
adios, amigos mudables;
cruel padre, casa ingrata;
mujeres interesables,
que si hazañas dan ventura,
hoy tengo de aventurarme,
y dejar ejemplo en mí
del desengaño más grande.

Fin de la primera jornada

Jornada segunda

(Sale Enrico, emperador, y soldados con escalas y espadas desnudas.)

Enrico
        ¡Ea, nobles alemanes,
hecha está la batería!
Muestren hoy mis capitanes
que en galas y bizarría
son fuertes, como galanes.
    No os asombre el muro alto,
de valor y esfuerzo falto,
pues cuando no hubiera escalas,
la fama os diera sus alas.

Todos
        ¡Ea! ¡Al asalto! ¡Al asalto!

Enrico
        ¡Arriba, amigos, arriba,
que ya la gente tirana
de esfuerzo y valor se priva!
¡Viva la fama alemana!

Uno
        ¡Viva Enrique cuarto!

Todos
              ¡Viva!

(Sale Marción, armado a lo gracioso.)

Marción
        ¡Viva lo que Dios quisiere,
y viva Marción también,
que es un borracho el que muere!

Enrico
    ¡Ea, soldados!

Marción
        ¿No ven

que quedo se está? Si quiere
   que el soldado fuerte sea,
justo es que a su dueño vea
que la bandera enarbola.
Todo amo manda con «hola»,
todo emperador con «ea».
   ¡Cuerpo de Cristo! consejos
deje, y hazañas celebre
quien honra soldados viejos,
que si el capitán es liebre,
los soldados son conejos.

(A Marción.)

Enrico

   ¿Qué vos, soldado, aquí?
¿cómo no subís?

Marción

                    Subí,
y siendo, señor, soldado,
ya pienso que soy quebrado,
y busco un braguero. Fui
   al asalto y confusión,
y huyendo de su apretura,
no quise hacer la razón,
que brindan con confitura
de bellaca digestión.
   Manteles puestos consuelan
mesas, que el manjar revelan
sobre bufetes seguros,
pero no lienzos de muros,
que golpes se desmantelan.
   «Brindis», dijo un artillero;
«Caraus», respondí, «patrón»,
y el maldito tabernero,

diciendo, «haced la razón»,
desató en lugar de cuero
  un esmeril, que reparo
pecho por tierra al amparo
de un foso en el campo nuevo;
y respondile: «No bebo
en ayunas de lo caro».

  «Pues vaya este perdigón»,
replicó, y al punto arruga
un mosquete el bellacón.
Yo dije: «Está sin pechuga,
y hoy hago yo colación».

  Dile lugar por la yerba,
y él replicó: «Pues reserva
su vida; mientras que ayuna,
allá va aquesta aceituna
y esta naranja en conserva».

  Arrojóme de repente
dos pellotas enramadas,
y respondíle: «Pariente,
aquesas nueces moscadas
vendedlas con aguardiénte».

  «Que me place», dijo luego,
y como el caballo griego,
un infierno junto arroja;
mas diciendo: «El diablo coja
letuario envuelto en fuego».

  Retiréme a las barreras,
que no es poca valentía,
porque si entre tus banderas
hoy juega la artillería,
yo soy hombre muy de veras.

Enrico   Vos sois un cobarde.

Marción   Y tal,
que no hallaréis igual;
pero todo hombre de bien
come lo que le está bien,
y no lo que le hace mal.

(Sale al muro Bruno, y enarbola una bandera con las armas del imperio.)

Enrico   ¡Bravo valor! ¿Quién ha sido
aquel soldado valiente,
el primero que ha subido
al muro, para que afrente
al enemigo vencido?
    Las águilas que enarbola,
blasón de la augusta bola,
por su alférez le tendrán.

Marción   ¡Vitor Bruno, capitán!
Y a quien le pesare, cola.

Enrico   ¿Bruno se llama?

Marción   Y mi dueño
que la pluma por la lanza
trocó, y en tiempo pequeño,
si en escuelas fama alcanza,
aquí es un Marte aguileño.
    No fue Hércules con Caco
tan valiente, ni de Baco
tan grande valor publico.

Unos   ¡Victoria! ¡Victoria!

Otros   Enrico.

Todos   ¡Viva Enrico!

Otros   ¡Al saco, al saco!

(Salen Milardo y soldados.)

Milardo   Si tu augusta majestad
                     pretende gozar despojos,
                     de esta rendida ciudad,
                     yo he visto dos soles rojos
                     de más divina beldad.
                        No es digno su resplandor
                     sino de un emperador;
                     mas si no los goza Enrico,
                     premia hazañas, te suplico,
                     de Milardo con mi amor.
                        Cuando el oro a todos sobre,
                     merezca yo que posea
                     belleza que mi fe cobre,
                     que no es bien que presa sea
                     de un soldado humilde y pobre.
                        Por solo aqueste interés,
                     pídeme hazañas después
                     a medida de tu gusto.

(Salen Bruno y Visora.)

Bruno   Un soldado, invicto augusto,
                     sus labios honra a tus pies.

Enrico   No están, Bruno, bien premiados
                     ansí, ni su fama abonas,

que yo los vi levantados
hacer de muros coronas,
por tu esfuerzo conquistados.
    Brazos tengo con que honrarte,
si a falta de los de Marte,
los de un emperador son
bastantes.

Bruno   Por tal blasón,
otra vez quiero besarte
    tus sacros pies; pero ¿quien
te dijo mi nombre?

Enrico   Den,
a pesar de olvidos viles,
los pinceles y buriles
fama y nombre a cuantos ven
    las hazañas que este día
te ilustran, y no te asombres
que sepa tu nombre; fía
de mí, que inmortales nombres
(Reparando   te ha de dar tu valentía.
en Visora.)   ¡Qué belleza celestial!

Bruno   De tu valor imperial
es solo merecedora.

Enrico   ¿Cómo te llamas?

Visora   Visora.

Enrico   Di, serafin celestial.
    Cuando solo conquistaras,
Bruno, esta sin par belleza,

hazañas aventajaras
de cuantas la fortaleza
celebra en bronces y en aras.
    Di quién eres pues que das
mientras que triunfando estás
la fama que noble adquieres,
porque cuanto menos fueres,
yo pienso ensalzarte más.

Bruno   Colonia, augusta ciudad,
César y monarca invicto,
tan ilustre entre modernos,
tan celebrada de antiguos,
es mi patria, y tengo en ella
un padre prudente y rico,
de sangre calificada
entre ilustres y patricios.
Nací solo, vinculando
el amor, que repartido
suele ser en otros padres
menos, siendo más los hijos.
Estudié felicemente,
dando muestra en mis principios
de fertilizar con letras
la fama que adquieren libros.
Graduéme de maestro;
llevé entre ingenios divinos,
cátedras que autorizaron
mis años entretenidos.
Gustara mi viejo padre
que echara por el camino
de la iglesia, por tener
algunos deudos obispos;
pero, Amor, más poderoso,

rayo dios, gigante niño,
para cuya resistencia
suelen ser diamantes vidros,
sujetó mis verdes años
al más hermoso prodigio
que encareció la belleza
entre sus dulces hechizos.
Evandra, ilustre, si pobre,
destruición de mi albedrio,
prisión de mi libertad
y cárcel de mis sentidos
enamorándome honesta,
multiplicó desvaríos,
tiranizó libertades,
y dio materia a suspiros.
Quíseme casar con ella;
pero mi padre, ofendido
de ver malograr mis letras,
ya con consejos prolijos,
ya con ruegos paternales,
ya con enojos fingidos
y maldiciones de veras,
impedir mi intento quiso.
Entre amenazas y miedos
en su presencia me dijo:
«Plegue a Dios te sea traidor,
Bruno ingrato, el más amigo,
la prenda por quien me dejas
te quite a tus ojos mismo;
ella te desprecie, odiosa,
pagando amor con olvido.»
¡Ay, Dios! ¡qué bien se cumplió!
No pasaron, señor, siglos,
años y horas, que los cielos,

con desdeñoso castigo,
en fe de estas maldiciones,
el conde Próspero, indigno
de la amistad profanada,
que le llamaba Zopira,
enamorado de Evandra
y ella del estado rico,
que interesó con quererle,
dando a sus quejas oídos,
juntáronse en yugo ciego,
dejando desvanecidos
deseos, entre esperanzas
de seis años de servicios.
Casáronse al fin los dos,
y viéndome aborrecido
de mi padre, de mis deudos,
y lo que es más, de mí mismo,
salí a buscar muerte honrosa,
creyendo hallar el olvido,
de celos desesperados,
entre armados enemigos.
Supe que aquesta ciudad,
rebelde al valor invicto
de tu majestad cesárea,
temor del planeta quinto,
te negaba la obediencia,
y sus infieles vecinos,
armándose contra ti,
despreciaban tus edictos;
que con tu campo imperial
la ponías cerco y sitio,
honrando con tu presencia
tus alemanes presidios.
Alistéme por soldado,

batióle el muro prolijo,
postrando montes de piedra,
abortos del fuego en tiros.
Hízose la batería,
y publicaron los bríos
de tu venganza el asalto,
de los rebeldes castigo.
Celos y amor con desprecio
pudieron tanto conmigo,
que desesperado y loco,
alentado de los gritos
con que animabas cobardes,
no hazañas, mas desatinos,
me subieron el primero
sobre los muros altivos
de la rebelde ciudad,
y sobre el mayor castillo
las águilas imperiales
puse, si amante, atrevido.
Bajé al saco, codicioso,
y mientras despojos ricos
robaba el atrevimiento,
llorando viejos y niños,
en el más noble palacio
que ilustra con edificios
la ya rendida ciudad,
entro, y de rodillas miro
a los pies de un vil soldado
el asombro peregrino
de esta belleza hechicera,
si hermosuras son hechizos.
Determinaba forzarla
sin refrenar sus suspiros
torpezas que en pechos viles

se rinden al apetito.
Impedíselo, piadoso,
pedísela, comedido,
a rescate, y respondióme
soberbio y desvanecido.
Pero yo, que de ordinario
al noble acero remito
lo que la lengua no alcanza,
de amor y vida le privo.
La noble presa consuelo,
su honor precioso redimo;
pagado en perlas que llora
y ensartan preciosos hilos.
Supe que era única prenda
del más ilustre vecino
de esta ciudad, que a tus armas
muerto, pagó sus delitos;
y juzgando su belleza
por intercesor, benigno,
contra tu enojo severo,
a tus pies, augusto invicto,
la presento, confiado
que premiando este servicio,
y consolando estos ojos,
perdonarás los rendidos.

Enrico   Con muchas obligaciones,
Bruno, noble, has adquirido
el favor que hacerte pienso,
de tus nobles partes digno.
Hidalga sangre te ilustra,
letras te han engrandecido,
hazañas te dan valor,
despojos me has ofrecido

merecedores de premios,
no sé si diga divinos,
pues me confieso, aunque César,
de tu cautiva, cautivo.
Siendo, pues, Bruno famoso,
cuerdo, sabio, bien nacido,
valeroso y liberal,
justo es ser agradecido,
y honrar mi paz y mi guerra
desde este punto contigo.
Acreditando privanzas,
que en ti ilustrar determino,
gobierna mi augusto estado,
y entre las armas y libros,
da consejos y haz hazañas,
reparte cargos y oficios.
Esa divina hermosura
en tu lealtad deposito;
sé alcaide de ese tesoro
y ángel de ese paraíso.
Celos de la emperatriz
temo que han de ser castigo
del amor con que me abrasa.
No la vea, que imagino
que la vida han de quitarla
mis forzosos desatinos,
puesto que a quererlo el cielo,
le agradeciera propicio.
Si en las sienes de Visora
pudiera el laurel invicto
de mi corona ufanarse,
o la que al Sol dora signos.
Mi esposa, Bruno, es aquésta
que a recibirme ha venido

desde mi corte imperial.
Mientras que favores finjo
con que a los suyos engañe,
sirve a quien el alma humillo;
guárdamela cuidadoso,
y haz que tenga amor a Enrico.

(Vase el emperador Enrico.)

Bruno
¡Oh, maldiciones dichosas!
¡Oh, amorosos laberintos,
en los fines provechosos,
si fieros en los principios!
¡Oh, desdenes bien premiados!
¡Desengaños no entendidos!
¡Amistades mal pagadas!
Ya os adoro, ya os estimo.
Por vosotras honra adquiero,
a privanzas me sublimo,
cargos intereso honrosos,
mi sangre noble autorizo.
Si a logro pérdidas dan
tal ganancia, desde hoy digo
con César, que me perdiera
si no me hubiera perdido.

Visora
Añade a esas dichas todas,
si a mi amor, Bruno, te obligo,
la voluntad que te tengo,
y en vano honesta resisto.
Bruno, tu cautiva soy,
de atrévimientos lascivos
de un soldado me libraste,
de mi honor defensa has sido;

agora, pues, que deudora
la fama que has ofendido,
premios te ofrece del alma
que en medio del pecho cifro,
¿será razón que violentes
tan generosos principios,
y consientas que profane
lo que defendiste, Enrico?
No lo permitan los cielos,
ni el valor que he conocido
en tu invencible nobleza,
a quien mi esperanza rindo.
Padres ilustres me han dado,
si no dicha, nobles bríos
para defender mi fama,
que ya por tuya la estimo;
del soldado me libraste,
líbrame también de Enrico,
que no mudan la deshonra,
Bruno, sujetos distintos.
Mi dueño eres, sé mi esposo;
tesoros tengo infinitos
de la fuerza de la guerra
seguramente escondidos.
En la calidad te igualo,
y en el amor excesivo
te llevo tantas ventajas
como es el tuyo testigo.
Con honra, Bruno, me hallaste;
con ella también te pido
me dejes, o no te nombres
de honor y nobleza digno.

Bruno   Visora, los desengaños

sonaron locos hechizos
en mí de promesas vanas,
que ya sepulta el olvido.
No más crédito engañoso,
no llantos de cocodrilos,
pues escapé, gloria al cielo,
seguro de sus peligros.
El emperador te adora;
es mi señor, yo le sirvo;
tú eres suya de derecho,
por despojo le has cabido.
No afrentan deshonras reales;
pues tu fortuna lo quiso,
ama al César, y perdona.

Marción (Aparte.)   (A eso voy y aqueso digo.)

Visora   ¡Oh, avariento mercader!
¡Que el interés ha podido
tu valor poner en venta,
y la fama que te fío!
Pues mira bien lo que haces,
que si pierdo el honor mío
por tu causa, he de trocar
en rigores vengativos
el amor que te he mostrado.

Bruno   Anda, y deja desatinos.

(Vase Visora.)

Marción   ¿Y yo podréme volver
a mi lacayil oficio
y servirte?

Bruno

        Si, Marción;
que puesto que ingrato has sido,
quiero perdonar tus faltas.

Marción

Ya son chazas, señor mío;
pelota rasgada soy,
pero si medro un vestido,
vuelto a tu casa dirás.
vuelve a casa pan perdido.

(Vanse los dos. Salen la Emperatriz, Milardo y acompañamiento.)

Emperatriz

¿Que es tan bella, Milardo, la cautiva?

Milardo

 Ojos deslumbra y ánimos derriba,
vencida vencedora,
a mí me hechiza, al César enamora.
Si no ataja con tiempo sus desvelos,
en el infierno de la envidia y celos
llorará vuestra alteza
competencias de amor en su belleza.

Emperatriz

No tendrá Enrico, a quien el alma he dado,
el gusto de su amor tan estragado,
que puesto que en ausencia
cualquier belleza me haga competencia,
ya que le he visto alegre, me prometo
las ventajas de amor, siendo su objeto.
Pero ¿quién fue el soldado
que, atrevido, tal presa ha presentado
al César, dando causa a mis enojos,
materia a celos y a su amor despojos?

Milardo   Bruno, extranjero y ppbre,
porque soberbia la bajeza cobre,
más loco que valiente y animoso,
subió el primero al muro temeroso,
enarbolando al viento,
águilas del imperio, en cuyo asiento
fijando el estandarte, dio materia
a su ventura y fin a su miseria,
pues obligado Enrico
a su esfuerzo o locura, certifico
a vuestra majestad que le ha entregado
en guerra y paz vuestro imperial estado.
Éste, rendido el muro,
a la ciudad bajó, donde seguro
de la muerte, que a míseros perdona,
mientras el campo el saco real pregona,
despreciando riquezas,
despojos busca solo de bellezas;
y salióle dichosa su fortuna
aun hasta en esto, pues hallando una
ostentación hermosa
de la naturaleza prodigiosa,
a Enrico la presenta,
con que su fama y su favor aumenta,
pues rendido el Augusto a sus amores,
de cargos carga a Bruno y de favores.
Los despachos le entrega
de este imperio; que en fin, es pasión ciega
la voluntad enamorada y loca,
y no es el alma a resistencias roca.
En fin, Bruno, señora,
es el depositario de Visora,
y porque guarda al César la cautiva,
el imperio gobierna, y con él priva.

Emperatriz

Subió el villano presto;
presto caerá del encumbrado puesto.
Medios ruines no son escalones
que iustentan privanzas y ambiciones
y más si los derriban
celos y agraviós que en furor estriban.
Mujer soy agraviada y poderosa;
para su muerte basta estar celosa.
Mas ¿qué es esto?

(Salen Leida, dama, con guitarra, y dos soldados
que la conducen prisionera.)

Soldado I

A tu alteza
prisionera presento esta belleza,
que huyendo de la furia   .
que a esta ciudad castiga por su injuria,
estos montes vagaba
y sus penas cantando disfrazaba,
pues con su melodía
orbes paraba y vientos suspendía.

Emperatriz

¿Eres música?

Leida

Templo
males con la paciencia, y al ejemplo
de los trabajos míos,
suspendo con acentos desvaríos;
y como es propio efeto
de la música obrar en el sujeto
según sus calidades,
aumentando a tristezas soledades,
y al contento alegría,

penas, cantando, a penas añadía;
que el triste, gran señora,
mejor entonces canta cuando llora.

Emperatriz   Si la música aumenta
la pasión del sujeto en quien se asienta,
canta envidia y desvelos,
porque celos aumentes a mis celos;
crecerá la esperanza
que tengo, en mis agravios, de venganza.

(Canta.)

Leida   «El que buscare ponzoñas
de tal virtud y poder
que maten a sangre fría,
busque celos en mujer.
El que venganza desea
contra el olvido y desdén,
gue dan la muerte viviendo,
busque celos en mujer.
Quien basiliscos buscare,
áspides quisiere ver,
y onzas, hurtados sus hijos,
busque celos en mujer.»

Emperatriz   Basta, no prosigas más;
todo aqueso vengo a ser,
ponzoña, venganza, tigre,
basilisco y áspid fue
contra Bruno mi sospecha.
De mi venganza cruel
verá efectos, pues que loco
buscó celos en mujer.

(Vase la Emperatriz.)

Soldado 1   ¿Qué esto? La Emperatriz
                   arrojando rayos fue
                   por los ojos; si sus perlas,
                   llamarlos rayos es bien.

Milardo   Celos la abrasan el alma,
                   y de su infierno cruel
                   siento penas inmortales
                   en que me abraso también.
                   Envidia de la privanza
                   en que encumbrado se ve
                   este Bruno venturoso,
                   en mí muestra su poder.
                   Pero canta, Leida hermosa,
                   que si la música es
                   suspensión de penas tristes,
                   las que siento suspendré.

(Canta.)

Leida   «El que en los príncipes fía,
                   y a la cumbre del poder
                   por el favor va subiendo,
                   mire cómo asienta el pie.
                   Por escaleras de vidro
                   sube el privado más fiel,
                   y es fácil cuando descienda
                   o deslizar o romper.»

(Sale Bruno, lleno de memoriales que le van dando, y Marción, con él suspén-
dense oyendo cantar.)

«Aun en el cielo no tuvo
seguridad Lucifer,
pues no hubo más de un instante
desde el privar al caer.
Efímera es la privanza,
mudable el más firme rey.
Hoy derriban disfavores
al que ensalzaron ayer.»

(Vanse todos cantando, y quedan Bruno y Marción.)

Bruno

¡Que mal pronóstico anuncia
la música que he escuchado.
Del augusto soy privado.
¿Si mi caida pronuncia
  el acento temeroso
que agora acabo de oír?
Hoy que comencé a subir,
¿el caer será forzoso?
  Fui desdichado en amores;
por la guerra los dejé,
a Enrico el cuarto obligué;
mas mujeres y señores
  son fábricas sobre el viento
porqqe el amor y, privanza
ponen silla en la mudanza,
y es peligroso su asiento.

Marción

¡Qué lleno de peticiones
te ha ocupado la ambición!
Ayer dabas petición
al poder, hoy las dispones.
  A tal subir y privar

presto ser monarca esperas.

Bruno

Acertáras si dijeras,
a tal subir, tal bajar.

Marción

¿Pues qué tienes que temer?
¿Qué recelo hay que te espante?

Bruno

¿Que no hubo más que un instante
desde el subir al caer?
    ¡Oh, riesgo de la ambición!
¡Oh, peligros de un vasalio!

Marción

No hay hombre cuerdo a caballo,
pero tente tú al arzón,
    pues con la carrera arrancas,
y luego no tengas miedo,
aunque también yo caer puedo,
porque en fin voy a las ancas.

(Sale Enrico.)

Enrico

    Bruno, como es niño Amor,
no sabe tener sosiego;
atormenta, como es fuego;
da priesa, como es furor.
Al hermoso resplandor
de Visora cera he sido;
Ícaro soy, que he caído
del cielo de mi grandeza;
las plumas de la firmeza
a su Sol se han derretido.
    ¿Parécete que pretenda,
mis tormentos dilatando,

sus favores obligando,
y que entretanto me encienda,
o que enamorado ofenda
leyes de la cortesía,
y gozándola este día,
aunque obligaciones tuerza,
muestre al mundo que no hay fuerza,
en poder ni en monarquía?

Bruno   Gran señor, el dar consejos
es de la privanza oficio,
y el estar en tu servicio
puede suplir años viejos.
Los príncipes son espejos
del mundo, y tú en el sagrado
solio imperial asentado,
es razón que alumbres más.
¿Y qué luz después darás
si eres espejo quebrado?
   Visora al fin es mujer,
que, aunque cautiverios llora,
y su muerto padre agora,
después te vendrá a querer.
La justicia en el poder
su conservación confía;
ampara la monarquía
la nobleza y opinión,
porque el poder sin razón
más parece tiranía.
   Aunque eres emperador,
no has de usar, en cuanto amante,
del poder siempre arrogante;
que ruegos vencen a Amor.
Sirve, no en cuanto señor,

sino como enamorado;
ruega y regala humillado,
si al desdén quieres vencer,
que no es árbol la mujer
que ofrece el fruto forzado.

Enrico

Si no fueras más valiente
que eres sabio consejero,
no debieras al acero
mi privanza.

Marción

Bruno, tente.

Enrico

Persuádesme elocuente
que no pretenda a Visora
por fuerza cuando la adora
el alma que la entregué;
pero ya, villano, sé
que en mi ofensa te enamora.
   Suelta la llave que ha sido
guarda suya, y la ocasión
de tu privanza.

Marción (Aparte.)

(Al arcón,
¡cuerpo de Dios!)

Bruno

Si ofendido
estás porque persuadido
de mi lealtad te aconsejo,
perdóname, que ya dejo
desde aquí de aconsejar,
porque te puedo quebrar
siendo, gran senor, mi espejo.
   Como la verdad es dura,

quiebra tal vez el cristal.
Yo, gran señor, hablé mal;
la lisonjeada ventura
es blanda, y así asegura
vidrios siempre delicados.
Lisonjeros sean criados
y pastores lisonjeros,
por humildes, verdaderos,
y por serlo, despreciados.
　　Yo estoy tan lejos, señor,
de ofenderte, siendo amante,
cuanto desde aquí adelante
con recelo y con temor
de caer de tu favor.
Goza a Visora y procura
tu esperanza hacer segura,
que cuando a tus plantas ven
el mundo, no será bien
resistirte una hermosura.

Marción (Aparte.)　　(Eso sí —¡cuerpo de Dios!—
vístete del mismo paño;
viva y venza aquí el engaño,
y medraremos los dos.)

Bruno (Aparte.)　(Padre, si os creyera a vos,
mis estudios prosiguiera,
y en riesgos no me metiera
del favor y la privanza.
Vuestra maldición me alcanza,
cuanto justa, verdadera.)

Enrico　　　Hoy, Bruno, a privar empiezas.
Si te quieres conservar,

sombra has de ser y imitar
en palacio las grandezas.
Vuelve a consolar tristezas,
que si tu discreción sabe
agradarme, el cargo grave
gozarás que te di agora.
Sácame, Bruno, a Visora;
tráela aquí; toma la llave.
    Pero, detente, que viene
la emperatriz.

Bruno (Aparte.)   (¡Ay, de mí!
¿Que el palacio trata así
a quien con honras mantiene?
¿Que tan flaco asiento tiene
en él el sublime puesto?
¡Subir y bajar tan presto!)

(Sale la Emperatriz.)

Emperatriz   ¡Gran señor!

Enrico   Esposa mía.

Emperatriz   ¿Qué nueva melancolía
os entristece? ¿Qué es esto?

(Enrico habla aparte a Bruno.)

Enrico   Si tú obediente cumplieras
lo que te mandó mi amor,
y necio aconsejador,
mis deseos no impidieras,
ni mis tormentos crecieras,

ni a mi esposa alborotaras,
haciendo sospechas claras
que ha visto en mi turbación...

Emperatriz   ¿No merece mi afición
que me hables? ¿No te declaras?

Enrico   Entronizar un villano,
necio y desagradecido,
causa de mi enojo ha sido.
Díle indiscreto la mano,
subió por el viento vano,
y al mismo paso ha de ser
fuerza que vuelva a caer:
pregúntale lo demás.

(Vase Enrico.)

Emperatriz   ¿De aquesa suerte te vas?
Celos tengo, y soy mujer.
   Satisfacerlos conviene.
Ven acá. ¿Por qué ocasión,
con tan grande indignación,
contra ti enojos previene?

Bruno   La culpa esta llave tiene,
en que me premia y castiga
quien al silencio me obliga,
que ha de eslabonar mis daños
por no creer desengaños.
Ella la verdad te diga.

(Da la llave a la Emperatriz y vase Bruno. Marción se finge mudo.)

Emperatriz   ¿Hay tal descomedimiento?
                       Sin responderme se fue.
                       Yo, villano, humillaré
                       vuestro desvanecimiento.
                       Presto seréis escarmiento
                       de lo que el favor se muda.
                       Satisfaced vos mi duda,
                       llave, pues que la sabéis;
                       pero cuerda me diréis
                       que sois secretaria muda.
                           Éste debe ser criado
                       del arrogante extranjero;
                       saber de él la causa quiero
                       por qué Enrico va indignado.

Marción (Aparte.)   (¿No es bueno, que me he quedado
                       en el potro, donde dudo
                       decir, aunque no desnudo,
                       la maraña de esta danza?
                       Todo este mundo es mudanza.
                       ¡Por Dios que he de hacerme mudo!)

Emperatriz   ¡Hola!

Marción (Aparte.)   (Ya empieza a olearme.
                       Desahuciado debo estar.)

Emperatriz   ¿Quién sois?

Marción (Aparte.)   (Oír y callar,
                       si es que pretendo escaparme.)

Emperatriz   No temáis; llegad a hablarme
                       ¿Servís a Bruno?

Marción (Aparte.)   (Diré
                        por senas que no lo sé,
                        ni lo que me dice entiendo.)

Emperatriz   ¿No me respondéis?

Marción (Aparte.)   (Pretendo
                        de mi lealtad dar hoy fe.)

Emperatriz   ¿Qué tiene el emperador?
                        ¿Por qué se partió severo?
                        ¿Qué llave es esta?

Marción (Aparte.)   (El primero
                        que sirve y no es hablador,
                        he sido.)

Emperatriz   Acaso es traidor
                        con el César vuestro dueño;
                        ¿No me respondes si sueño?
                        ¿Sois mudo? Dice que sí.
                        Mas mudo en tal traje aquí,
                        ¿es o no?

Marción (Aparte.)   (Cielo risueño,
                          lleva mi engaño adelante,
                        y sácame de este aprieto.)

Emperatriz   Éste me encubre el secreto
                        con engaño semejante;
                        mas no pasará adelante
                        su cautelosa afición.
                        ¡Hola!

Marción (Aparte.)   (Tres con ésta son
                           las oleadas. ¿Qué mar
                           te pudiera hacer tragar
                           tantas olas, di, Marción?)

(Sale Milardo con algunos soldados.)

Milardo   ¿Llama vuestra Majestad?

Emperatriz   Sí, Milardo. Aqueste mudo,
                           de cuyas cautelas dudo,
                           de un pino al punto colgad.

Marción (Aparte.)   (¡Cuerpo de Dios! Lengua, hablad
                           y molamos de represa.)
                           Gran señora, a mí me pesa
                           de no haberte respondido.
                           Imagen conmigo has sido
                           de milagros. Digo...

Soldado I   Apríesa.

Marción   ...que yo me llamo Marción,
                           sirvo de lacayo a Bruno.
                           Fuéle el amor importuno,
                           y por aquesta razón
                             dejó estudios, aunque sabio;
                           dejó amores, aunque ciego;
                           dejó padres, galas, juego,
                           celos, desdenes y agravio.
                             Vino a la guerra, seguíle;
                           subió el muro, y ayudéle;
                           venció la ciudad, loéle;

honróle Enrico, y servíle.
    Presentéle cierta dama,
enamoróse de vella,
hízole custodio de ella,
fue mariposa en su llama.
    Quisola agora forzar,
fuéle a la mano mi dueño;
esto del privar es sueño;
comenzóse a desgraciar.
    Quitóle el César la llave,
temió Bruno el tropezón
mudó cuerdo de opinión,
que quien miente, privar sabe.
    Díjole que hacía muy bien,
que pues era emperador,
aprétase con su amor.
Ayudéle yo también;
    réstituyóle a su gracia;
iba a sacar a la moza,
pero todo lo destroza
si se emperra una desgracia.
    Salió entonces vuestra alteza,
fue perro del hortelano,
vio su amor, Enrico, en vano,
dióle su estorbo tristeza,
    trocó el favor en desdén;
fuése, acabóse la historia.
Aquí gracia y después gloria
por siempre jamás, amén.

Soldado I   Mudo que habla de ese modo,
         ¡fuego en él! Callar y huir.

Marción   Reventaba por parir

y eché las parias y todo.

Emperatriz	Yo he quedado satisfecha,
celosa y desengañada,
si con la verdad airada
libre de amor en sospecha.
    No gozará su esperanza
el mudable emperador,
ni el villano intercescor
de sus gustos, su privanza.
    Toma, Milardo, esta llave,
goza la ocasión, discreto;
saca esa mujer, efeto
de mi agravio y pena grave.
    Llévala de aquí, no viva
donde pueda darme enojos,
ni hechizar con torpes ojos
al César, loca y lasciva.
    Su jurisdicción te entrego;
goza su amor entretanto
que yo entre penas y llanto
de menosprecios me anego.

(Vase el Emperatriz.)

Milardo	¡Oh, llave de mi esperanza,
remedio de mi temor,
premio justo de mi amor,
y de mi envidia venganza!
    Perdone el emperador,
que si su vasallo fui.
Amor, que es dios, puede en mí
más; así obedezco a Amor.
    Sacaré la prenda hermosa

que mi lealtad atropella;
desterraréme con ella,
que si la patria amorosa
  menosprecio por Visora,
patria, riqueza y ventura
llevaré con su hermosura,
y serviré a mi señora.

(Vase Milardo.)

Soldado I   ¡Lindamente desbucháis!

Marción   El temor causarlo pudo.
                   Hacéos vos media hora mudo,
                   veréis después lo que habláis.

Soldado I   ¿Hácenlo así los discretos?

Marción   Para hinchazón tan odiosa
                   es medicina famosa
                   una gaita de secretos.

(Vanse todos. Sale Visora.)

Visora   ¿Qué es esto, soberbia mía?
                   ¿Quién os humilló tan presto
                   a las leyes del Amor
                   y injurias del menosprecio?
                   ¿Vos de Bruno desdeñada,
                   cuando pagaban deseos
                   de espíritus generosos
                   el ver mis ojos risueños?
                   ¿Yo, ayer de amor simulacro,
                   que a idólatras pensamientos

pagaba en desdenes locos,
siendo adorada por ellos,
de un pobre soldado agora
menospreciada y a riesgo
de que mi fama profane
Enrico, amante soberbio?
Eso no, imaginaciones;
prevenga mi amor primero
brasas con Porcia y con Dido
espadas que aliente el fuego.

(Sale Milardo.)

Milardo

    A daros, Visora hermosa,
la libertad que no tengo
me envía la emperatriz
abrasada en vuestros celos.
Hale declarado Bruno
el amor que Enrico, ciego,
os tiene, y que determina
forzaros torpe y violento.
Dióle la llave que veis,
y juntamente consejo
que os quite la hermosa vida,
digna de siglos eternos.
Hanme hecho su ejecutor,
pero yo, que en solo véros,
vivo adorándoos, Visora,
si es vida vivir muriendo;
si admitís servicios nobles
y un alma que humilde ofrezco,
leal a vuestro servicio;
si agradecéis mis deseos,
huir con vos determino

con voluntario destierro,
y mejorar amoroso
la corte por el destierro.
Casarémonos los dos,
y con el traje grosero
disfrazaremos las almas,
de nobles, villanos vueltos.
No respondáis desdeñosa
a los nobles pensamientos,
que en vez de daros la muerte
os eligen por mi dueño.

Visora   ¿Bruno aconseja a la Augusta
que me dé muerte?

Milardo   Esto es cierto.

Visora   ¡Oh, bárbaro, mal nacido!
¿Ya añades a tus desprecios
nuevos agravios y enojos?
Satisfaréme, y con ellos
verás lo que es un amor
vuelto en aborrecimiento.
Como a ese ingrato enemigo
mates, Milardo, primero,
en satisfacción dichosa
el alma y vida te entrego.

Milardo   Pues hoy daré muerte a Bruno.

(Sale Bruno.)

Bruno   ¿A Bruno matan; qué es esto?

Visora

¡Traidor, ingrato, villano,
alma vil en noble cuerpo!
Venganzas son contra injurias;
castigos contra consejos.
Si mi muerte deseabas,
permitieras al acero
del soldado violador
cumplir su bárbaro intento.
¿Porque te quise me matas?
¿Porque mi opinión defiendo?
¿Porque desprecio al augusto?
¿Porque insultos aborrezco?

Bruno

¿Qué dices, Visora bella?

Milardo

Las traiciones con que has hecho
agravio a aquesta hermosura,
que agora vengar pretendo.

Bruno

¡Oh, bárbaro! ¿Tú te atreves
a injuriarme?

Milardo

En este acero
hallarán satisfacciones
sus agravios y mis celos.

(Meten mano y sale Enrico por una parte y la Emperatriz y Marción por otra.)

Enrico

¡Traidores! ¿En mi palacio
desnudáis armas? Prendeldos.

Emperatriz

¿Qué voces, señor, son ésas?

Enrico

Dos locos y descompuestos

a la inmunidad sagrada
de mi casa...

Milardo   Yo confieso
cuan mal, gran señor, he andado;
mas si castigar excesos
contra tu fama, merecen
perdón de mayores yerros,
Bruno, a quien has confiado
los despachos del imperio,
encumbrado en tu privanza,
y con tu favor, soberbio,
dentro tu mismo palacio
con torpes atrevimientos
quiso gozar a Visora;
y hubiera llegado a efecto,
si con la espada en la mano,
de justa cólera ciego,
no impidiera desatinos
traidores y deshonestos.
Si no basta esta disculpa,
divide de aquesté cuello
la cabeza que te ofende.

Bruno   ¡Qué escucho, piadosos cielos!
¿Yo intenté tan gran delito?

Visora   Gran señor, mi honor le debo
a Milardo, defensor
de la joya de más precio.
Verdad es cuanto te ha dicho.

Emperatriz   ¿Éste es, señor, el sujeto
tan digno de vuestra gracia,

célebre con tanto extremo?
Quien deja vasallos fieles
por encargar el gobierno
a un humilde advenedizo,
la culpa se eche a sí mesmo.
Justas quejas habéis dado
a mis inocentes celos,
que satisfacéis confuso
con vergüenza y con silencio.
Si en vos, que sois la cabeza,
tiene el mundo tal ejemplo,
¿qué espera la cristiandad?
¿qué harán en ella los miembros?
Volved, gran señor, en vos,
y a apetitos deshonestos,
resistencias generosas
pongan victoriosos frenos.
Visora le dé a Milardo
la mano, en fe que agradezco
la defensa de su honor,
como salga de aquí luego;
y quien a vuestra privanza
subió con tan malos medios,
derribad, pues que es indigno
del favor que le habéis hecho.

(Vase la Emperatriz.)

Enrico   Desnudad este villano
de las insignias, que han hecho,
cuanto más nobles en él,
más indignos sus empleos.
Bástele esto por castigo,
que si matarle no quiero,

es por pagar, aunque ingrato,
su mal empleado esfuerzo.
Yo os perdono a vos Milardo,
éste honrado atrevimiento,
y a Visora por esposa
liberalmente os concedo.
Llevadla a vuestros estados,
y sírvame de escarmiento
para no fiar de hazañas,
lo que agora experimento.
Salid de mi corte, vos,
que quien, su padre ofendiendo,
fue contra sus canas malo,
no será para mí bueno.

(Vase Enrico.)

Visora

    Así castiga desdenes,
descortés, ingrato, el cielo.
Escarmentad en vos mismo,
si escarmienta nunca el necio.

(Vase Visora.)

Milardo

    En tres días de privanza,
Bruno, serviréis de ejemplo
al mundo. Presto subísteis;
no es mucho que caigáis presto.
Revolved otra vez libros,
y estudiad, Bruno, de nuevo
derechos que os hagan sabio,
que en privanzas no hay derechos.

(Vase Milardo.)

Marción   ¿Qué privanza tercianaria
                           es esta, señor? Tornemos,
                           pues a tres va la vencida,
                           desde el principio este juego.
                           Privado eres de alquitar;
                           quien te vio dando gobiernos
                           en aqueste triunvirato,
                           y agora quedarte en pelo,
                           dirá que eres rey de gallos,
                           que en los tres días de antruejo
                           triunfaste, y ya te desnuda
                           el miércoles ceniciento.
                           Triangulada es tu ventura,
                           para bonete eres bueno,
                           de tres esquinas. Señor,
                           voyme a buscar amo nuevo.
                           Adiós, señor tres en raya,
                           que pues contigo no medro,
                           quien se muda, Dios le ayuda.
                           Él me ayude, pues te dejo.

(Vase Marción.)

Bruno   ¡Oh, sagrados desengaños!
                           Pues no me curáis el seso,
                           curad mi ciega inquietud,
                           alumbrad mi entendimiento.
                           ¡En tres días de privanza
                           tanta confusión! ¿Qué es esto?
                           Fié en hombres. ¿Qué me espanto?
                           Si crió Dios al primero,
                           y de un soplo le infundió
                           el alma, animando el cuerpo,

por fuerza se ha de mudar
si fue su principio el viento.
¡Qué confiado dormía
Jonás, a la sombra puesto
de una hiedra, que secó
un gusanillo pequeño!
Hiedra es la privanza humana;
royóla la envidia, y luego
faltóle al favor la sombra,
quedé a la inclemencia puesto.
Dichoso soy; sin razón,
piadosa deidad, me quejo;
embosquéme en laberintos
de lazos y penas llenos.
Si anduve tres días perdido,
dichoso llamarme puedo,
pues la salida he hallado
de su confusión tan presto.
No más engaños de amor,
no más favores soberbios,
no más príncipes mudables,
no más cargos y gobiernos.
Peregrino he de vivir,
y pregonar escarmientos
por el mundo a los mortales;
conmigo el ejemplo llevo.
Quien desengaños buscare,
mercader soy que los vendo,
pues el mayor desengaño
puede en mí servir de ejemplo.

Fin de la segunda jornada

Jornada tercera

(Salen Roberto, Lucio y Filipo, estudiantes.)

Roberto   ¡Notable ingenio!

Lucio   ¡Espantoso
monstruo es Bruno en todas ciencias!

Roberto   Con exceso se llevara
la cátedra, aunque con ella
se llevara la tiara.

Filipo   No hay quien le haga competencia.

Lucio   A su maestro Dión,
con ser águila en las ciencias,
se aventaja aqueste monstruo.

Roberto   Así él mismo lo confiesa,
y como ha caído malo,
y la muerte se le acerca,
que a su cátedra se oponga
me han dicho que le aconseja.

Lucio   Es Dion un grande santo;
a Dios goza acá en la tierra;
llórale todo París,
que de él maravillas cuentan.

Roberto   En fin, ¿a la oposición
se hallan el rey y la reina
de Francia?

Lucio   Quieren honrar
                         a Bruno, y por experiencia
                         ver lo que la fama a voces
                         de su mucho estudio cuenta.

Filipo   Si lee cátedra de prima
                         y es canónigo en la iglesia
                         de París, no será mucho
                         que lleve una mitra.

Roberto   Y sea
                         la de arzobispo de Remes,
                         o un capelo le engrandezca.

Lucio   Los reyes y los doctores
                         salen al acto.

Roberto   A mi cuenta
                         está un argumento.

Filipo   Todos
                         delante la real presencia
                         argüiremos, aunque Bruno
                         nos concluya y nos convenza.

(Salen Bruno, de clérigo, Marción, de gorrón, Marcela y Laura, damas, de estudiantes, el Rey, la Reina, doctores y estudiantes de la universidad. Tocan música. Los reyes se colocan en un sitial. Bruno en una silla, y delante un bufete con unas conclusiones. Los doctores y estudiantes siéntanse en un banco, y en otro Marcela, Laura y Marción. Levántase Bruno, y siéntase luego al empezar.)

Bruno   Cuestión antigua y reñida,
                         con no pocas competencias,

es, cristianísimos reyes,
amparo de la ley nuestra,
entre sabios y soldados
sobre cuál profesión sea
mayor en nombre y en fama,
o las armas o las letras.
No me atreveré a mostrar
cuál de los dos lo merezca,
por no ofender a la una,
aunque en cátedras y guerras
seguí entrambas profesiones,
que respeto en la grandeza
del cristianísimo rey
la espada, noble defensa
de la fe por tantos siglos;
mas diré por cosa cierta
que letras y armas se hermanan,
y solo se diferencian
en que las armas se ayudan
de las corporales fuerzas,
como las letras del alma,
pues unas y otras pelean.
Las armas son instrumentos
belicosos, que sujetan,
mediante el valor invicto,
materiales resistencias;
las letras, con argumentos,
silogismos y entimemas,
que convencen el discurso
y la más noble potencia.
Éste al presente me toca,
puesto que temblar pudiera
delante la majestad
y soberana grandeza

de los católicos reyes;
mas si el argüir es fuerza
donde el ánimo acredita
y donde el temor alienta,
en la oposición que he hecho
a la cátedra suprema
de la sacra teología,
que está vaca en las escuelas,
por no volver las espaldas,
el mantener será fuerza
los puntos que me han cabido,
aunque pobre en suficiencia.

(Levántase y descúbrese.)

Y así, sacras majestades,
luz de la sangre francesa;
rector, maestro decano,
digno de memoria eterna;
insigne universidad,
donde viven en su esfera
las musas y las virtudes,
el saber y la elocuencia,
proponiendo mi cuestión
en nuestra lengua materna,
porque mejor la perciba
la reina, señora nuestra,
digo en el punto asignado
y escogida controversia,
que es, si puede la criatura
ver de Dios la eterna esencia,
con su virtud propia sola,
y si hay naturales fuerzas
que a ver en Dios sean bastantes

la beatífica presencia.
Ciertos filósofos hubo
en la platónica escuela
que ser posible afirmaron
ver de Dios la esencia eterna
una criatura finita
en esta vida; que tenga
virtud un hombre mortal
en sí para comprenderla.
De este error blásfemo y loco
dan a Eudomio por cabeza,
de quien eudomios se llaman
los que siguen esta secta.
Así lo refieren muchos,
como son Pselo y Nicetas,
San Gregorio Nazianceno,
Crisóstomo, Homilia tertia,
de incomprensibilidad
de Dios, y otros mil que en Grecia
se opusieron valerosos
contra sus plumas perversas.
Siguieron estos errores
después con bárbaras lenguas,
Beguardo, Beguino y otros,
con que en Alemania siembran
ponzoñosas herejías,
que ya condenadas quedan,
conforme una clementina
del concilio de Viena.
Y entre otras autoridades
que puedo traer con ella,
basta alegar a San Pablo,
Sol claro de nuestra iglesia,
que escribiendo a Timoteo,

en la epístola primera
y en el capitulo sexto,
dice de aquesta manera:
«Dios habita eternamente
luz inaccesible, eterna,
la cual ningún hombre vio,
ni es posible pueda verla.»
Dejando, pues, este error
como herético y sin fuerzas,
pues ya no hay tan loco ingenio
que le apadrine y defienda,
digo, que afirmaron otros,
puesto que con agudeza,
Distinción cuarenta y nueve
del cuarto de las sentencias,
al número veinticuatro
cuestión segunda y tercera,
que aunque Dios no puede verse,
por ser Sol de luz inmensa,
conforme a la orden común
de nuestra naturaleza;
porque según este orden
nadie es posible le entienda,
si con sentidos corpóreos
primero al alma no entra,
y siendo espíritu puro
de Dios la divina esencia,
no hay sentido que le alcance,
por no tocar a su esfera.
Con todo eso, realzando
nuestra natural flaqueza,
según el orden de gracia,
la Divina Omnipotencia,
puede una pura criatura

alcanzar la inteligencia
de Dios, y en mortales lazos
ver la soberana esencia.
Esta opinión es de Scoto,
sobre la parte tercera
de la distinción catorce,
quaestione prima; y se prueba,
porque toda facultad
y cognitiva potencia
que de algún modo termina
al objeto su agudeza,
quitado el impedimento
extrínseco, que estorbo era
para producir el acto
y efecto que nace de ella,
luego al momento obra fácil;
sed sic est, que a la potencia
del entendimiento humano,
por más finito que sea,
toca el conocer a Dios,
pues es su naturaleza
un objeto inteligible
que en su latitud se encierra.
Luego si el impedimento
de la corpórea materia
se quita, según la gracia,
¿no habrá quien a Dios no entienda?
Pruebo la mayor asimili.
La vista, que en las tinieblas
no puede ver la color,
que es su circa quam materia,
luego que sale la luz,
echando el estorbo fuera
que impedía sus efectos,

produce visión perfecta;
igitur, si Dios quitase
las imperfecciones nuestras
y el conocer sin especies
que los sentidos presentan
su Divinidad, ¿quién duda
que si immediate se viera,
del entendimiento humano
ser conocido pudiera?
Pero todo esto, no obstante,
mi conclusión verdadera
es, que no hay pura criatura
que con naturales fuerzas
vea la esencia divina,
la pueda gozar, ni entienda,
si con la lumbre de gloria
Dios no realza y eleva
el criado entendimiento,
y animando su flaqueza,
le da celestial valor
con que hasta su objeto vuelva.
Esta clara conclusión
es de fe, según lo prueba
en el lugar ya citado,
el Concilio de Viena,
y como tal, admitida
de la católica iglesia,
me excusa de autoridades
que puedo excusar por ella.
Pero ratione probatur;
entre el objeto y potencia
tiene de haber proporción
natural, medida y cierta.
Dios es objeto infinito

de virtud pura y inmensa;
finito el entendimiento
humano. Luego está fuera
de la latitud debida.
Luego confesar es fuerza
que entre nuestra mente y Dios
no hay proporción verdadera.
Luego para conocerle
es necesario que tenga
una calidad sublime
que de suerte le engrandezca
mediante su actividad
que pueda subir por ella
a la divina visión,
que lumbre de gloria sea.
Otros muchos argumentos
alegara en mi defensa;
pero los propuestos bastan,
pues para que resplandezca
la verdad de mi doctrina,
las impugnaciones vuestras,
doctores sabios, ilustres,
la harán más constante y bella.

Marción	¡Vitor, Bruno, vive Dios!
	¿Qué papagayo pudiera
	hablar con más elegancia?
	¡Vitor, Bruno!
Marcela	¡Ay, prima bella!
	que me hechiza aqueste hombre
	con los ojos, con la lengua,
	con el talle, con la cara,
	con su gracia, con su ciencia.

Laura

> Todo lo merece Bruno,
> que es Fénix de la edad nuestra.
> Calla agora y escuchemos
> los doctores que argumentan.

(Roberto, en pie y descubierto.)

Roberto

> Contra vuestra conclusion
> habita, primo, licentia
> a serenissimus regibus
> de la cristiandad defensa,
> et a domino rectore
> et decano, en quien se muestra
> en iguales paralelos
> la virtud y la nobleza,
> et a tota schola in qua
> en hermosa competencia,
> resplandent sciencioe et virtutes
> quae adquirunt famam aeternam
> acutissime Magister,
> águila de nuestra escuela,
> este argumento propongo,
> que parece me hace fuerza.
> Decís que no puede ver
> de Dios la naturaleza
> un entendimiento humano
> mientras que lumbre no tenga
> de gloria; pues sic insurgo,
> inútil es la potencia
> que no se reduce al acto,
> como Aristóteles prueba.
> Luego si a Dios, que es objeto
> inteligible, no llega

la potencia intelectiva,
por más finita que sea,
en vano Dios la crió,
y Dios saldrá de la esfera
de inteligible, que es cosa
absurda. Probo sequelam,
Dios no se puede entender
de quien con lumbre no venga
de gloria; luego es forzoso
que inteligible no sea.

Bruno   Arguit sic dominus rector,
inútil es la potencia
que no se reduce al acto,
como el filósofo enseña.
Concedo este antecedente

Roberto   Ergo, como a Dios no vea
el humano entendimiento,
inútiles son sus fuerzas
y en balde Dios le crió.

Bruno   Niego aquesa consecuencia.

Roberto   Pruébola. Es inteligible
Dios; luego es fuerza se entienda.
No puede el entendimiento
humano entenderle. Queda,
según esto, defraudado
de su virtud, o conceda
que no es Dios inteligible.

Bruno   Respondo de esta manera.
Nuestro entendimiento humano

entiende lo que sus fuerzas
alcanzan, no más, que es propio
de todo agente y potencia.
No puede alcanzar a Dios,
cuya latitud inmensa
excede infinito y puro
nuestra natural flaqueza.
Luego ¿por eso no es
inteligible? Es quimera,
afirmar tan grande absurdo.
El Padre Eterno, que engendra
al Verbo de su substancia,
entiende su misma esencia,
siendo el Hijo sacrosanto
el acto y la especie expresa
de su intelección divina.
Luego ya probado queda
que es inteligible Dios.
Si no tiene el hombre fuerzas
para entendeRle ¿estará,
decid, aquesa impotencia
en Dios? De ninguna suerte,
que es primera inteligencia,
sino en nuestro entendimiento,
eso sí, cuya flaqueza
no alcanza, por ser finito,
a la infinita excelencia.
Luego, es más inteligible
de cuantas cosas encierra
la máquina que crió.
Y porque el hombre le vea,
pues por sí solo no basta,
cría una luz pura y bella,
que llaman lumbre, de gloria,

para que a nuestra potencia
de antojos de larga vista
sirva, con que alegre llega
al Sol Dios, de quien depende
nuestra beatitud eterna.

(Levántase.)

Todos   ¡Vitor! ¡Vitor!

Rey   Eso basta,
No se arguya más, pues muestra,
Bruno, cuán bien empleada
es la cátedra que lleva.
De mi parlamento os hago.

Bruno   Déle el cielo a vuestra alteza
las dos coronas del mundo,
pues tan magnífico premia
mis merecimientos cortos.

Reina   También corre por mi cuenta
el honraros, Bruno sabio.

Bruno   ¿Qué honra de más grandeza
que la de haberos tenido,
gran señora, aquí?

Reina   Quisiera
que hubiera vaca una mitra
que honrara vuestra cabeza.
Yo me acordáré de vos.

Bruno   Pisen las lunas turquescas

vuestras flores de lis de oro
imperando ambos en Grecia:

(Vanse los reyes.)

Roberto   Conmutéis, señor doctor,
                                 la cátedra que se aumenta
                                 por regirla vos, en mitra
                                 de la más sublime iglesia.

Lucio   Darme puedo el parabién
                                 a mí, por lo que interesa
                                 con tal maestro mi dicha.

Filipo   París de hoy más se renueva,
                                 pues por oráculo os tiene.

Bruno   Ya yo sé mi suficiencia
                                 y cuan corteses honráis,
                                 señores, mis pocas prendas.
                                 Aquí estoy para serviros.

Lucio   La universidad espera
                                 veros honrando un capelo.

Bruno   ¿Qué más honra qué con ella?

(Vanse los estudiantes.)

Marcela   Si pueden dar amores
                                 parabienes en vez de dar favores,
                                 el mucho que os enseño
                                 os los da, que aunque en cuerpo tan pequeño,
                                 vive un amor gigante

que os desea, cual sabio, ver amante.

Bruno

No entiendo vuestro enigma.

Laura

¿Cuando lleváis la cátedra de prima,
que vuestro ingenio exalta,
decís, señor, que entendimiento os falta?

Bruno

Es facultad diversa
la que en amor, no en cátedra, conversa.

Marcela

¡Ay, Bruno! yo os adoro.

Marción

¡Oxte, puto! Muchachos, guardá el toro.
¡Fuego de Dios! Resina,
oliéndome vais hoy a chamusquina.

Marcela

Bruno, vuestra presencia,
discreción, elegancia y suficiencia,
desde el dichoso día
que os vio para perderse el alma mía
en Aviñón de Francia,
aunque el amor en mi fue una ignorancia
hasta allí no entendida,
luego os rendí la libertad y vida,
siguiéndoos en el traje
que estoy hasta París, de mi linaje
y nobleza olvidada,
solo en vos, Bruno, transformada.
Quiso mi poca suerte,
para darme tormento si no muerte,
que al sacerdocio santo
subisteis dando fuentes a mi llanto,
y bastara, a ser cuerda,

para olvidaros esto, mas recuerda
amor con imposibles,
en fe de que son llamas invencibles,
pues si os amaba antes,
ya os adoro con fuerzas tan constantes,
que si me sois ingrato,
seré de Dido un mísero retrato.
Laura, pues compañera
de mis desdichas eres, sé tercera
de mis remedios; díle
lo que le quiero, y el cuchillo afile
de su crueldad si intenta
despreciar el amor que en mí aumenta.

Laura   Por vos las dos andamos
tierras extrañas que hoy peregrinamos
con el disfraz violento
que veis. Pues Fénix sois de entendimiento,
de voluntad agora
lo sed, agradeciendo a quien adora
vuestro talle gallardo,
que si correspondiente no os aguardo,
juzgaré a grosería
la ciencia que os ilustra aqueste día.

Bruno   ¡Oh, invencible hermosura!
No hay resistencia para vos segura.
¡Oh, ciegas pretensiones!
¿Qué pretendéis con tantas invenciones?
Ni en mi patria bellezas,
ya seguras rendidas fortalezas,
que a costa de seis años
pararon en dañosos desengaños;
ni en la guerra, soldado,

de Amor desnudo escapa Marte airado,
pues aun padezco agora
persecuciones largas de Visora,
sino que hasta en las letras,
libros derribas, cátedras penetras.
Deidad ciega y desnuda,
pues de estado mudé, de intento muda.
Ya me acogí a sagrado;
del sacerdocio gozo el sacro grado.
Mas —¡ay, pasión tirana—
¿qué inmunidad, qué asilo no profana
tu fuego, si hay ejemplos
de que violentas, como chozas, templos?
Pobre de mí, que al paso
que intento resistirme, más me abraso!

Marción   Si son las dos mujeres,
aun no tan malo, pues que gallo eres.
Juzgábalos varones,
y recelaba en ellos chicharrones.
Apretemos con ellas,
¡cuerpo de Dios! Si te parecen bellas,
si leer determinas,
que también el Amor paga propinas;
y mientras que las cobras,
reduciendo palabras a las obras,
si dormit ista tecum,
ista me servirá de vademécum.

Marcela   Responde agradecido,
o mátame, si intentas con olvido
pagar, Bruno, amor tanto.

Voz (Dentro.)   ¡Cuerpo santo!

Bruno   ¿Qué es esto?

Voz (Dentro.)   ¡Cuerpo santo!

(Sale Roberto.)

Roberto   Murió Dión, si es cordura
                         decir que murió quien vive
                         la vida que le apercibe
                         el cielo, y eterna dura.

Bruno   ¡Válgame el cielo!

Roberto   París
                         a voces santo le llama,
                         y divulgando la fama
                         que por las calles oís,
                            desde el plebeyo hasta el noble
                         a su túmulo se allega,
                         y como a santo le ruega.
                         No hay campana que se doble;
                            antes repicando todas
                         con nunca vistas señales,
                         en vez de honrar funerales,
                         fiestas le aprestan de bodas.
                            Sus ropas cuantos le ven
                         van a cortar a pedazos,
                         y el cuerpo, huesos y brazos
                         quisieran llevar también,
                            a no hacerles resistencia
                         la catedral clerecía,
                         que con su cuerpo este día
                         aumenten la reverencia

de su templo, pues que vienen
a añadir la devoción
con este santo varón
de las reliquias que tienen.

Bruno   Toda es deuda merecida
de la mucha santidad
de Dión, su cristiandad,
limosnas, virtud y vida.
Tiene nuestra corte llena
de fama que le bendiga;
no hay lengua que de él no diga
mil bienes.

Roberto   París ordena,
con un entierro pomposo,
que le traigan a palacio,
donde los reyes despacio,
de su cuerpo milagroso
las santas reliquias vean
y le admitan por patrón.

Marcela   Era un gran santo Dión.
Justamente en él se emplean
honras de concurso tanto.

Roberto   Ya llegan con él aquí.

Marcela   Quiérame bien Bruno a mi,
y sea o no Dión santo.

Roberto   En la capilla real
le depositan, y en ella
quieren por favorecella,

que con pompa funeral
   los oficios se le hagan;
y que han llegado recelo.

Bruno   Servicios hechos al cielo
de aqueste modo se pagan.

Roberto   El rey y reina son estos.

Marción   ¿Cuando dos ninfas amamos,
de requiem, señor, estamos?
Sucesos temo funestos.

(Salen Lucio, Filipo, el Rey y la Reina con acompañamiento y estudiantes,
Traen unas andas y en ellas a Dión, difunto, de clérigo, con bonete y borla.
Los reyes llegan a besar la maito del muerto, y al mismo tieinpo arrodillanse
Lucio, Filipo y otros.)

Rey   llegad a reverenciar,
esposa y señora mía,
al santo que en este día
nos ha de patrocinar
   con Dios.

Reina   A quien Él levanta
toda majestad se humilla.

Roberto   Escuchad, que la capilla
el fúnebre oficio canta.

(Cantan dentro.)

Voces   In memoria aeterna erit justus;
   ab auditione mala non timebit.

(Levantándose de medio cuerpo, y echándose luego que habla.)

Dión

Por justo y recto juicio
de Dios, Juez Soberano,
a juicio voy.

Reina

¡Ay, cielo!

Rey

¡Qué portento tan extraño!

Reina

Sacad de aquí ese difunto,
que no es posible sea santo
quien pone en duda espantosa
su salvación.

Roberto

¡Gran milagro!

Rey

¡Válgame el cielo! ¿Es posible
que un hombre tan estimado
en boca de todo el vulgo,
y por santo respetado,
ejemplo de la virtud,
en la doctrina un San Pablo,
un San Hilario en la vida,
un Gregorio en el recato
un Antonio en penitencia,
cuando los nobles, los bajos,
desde la cama hasta el cielo
subir dichosos pensaron,
su salvación ponga en duda,
y que él mismo haya afirmado
que Dios le llama a su juicio
ante su tribunal santo?

Marcela   ¡No sé si vivo o si muero!

Laura   ¡Las carnes me están temblando!

Marción   De miedo mortal estoy
                   medio desabotonado.

Roberto   ¡Hay asombro semejante!

Filipo   El corazón se me ha helado
                   en medio el pecho.

Lucio   Mejor
                   es, Filipo que nos vamos.

Reina   Sacadme de aquí este cuerpo.

Bruno   Reina y señora, rey sabio,
                   doctores siempre discretos,
                   escuchadme y sosegaos.
                   No es digno de tanto asombro
                   la que veis, puesto que espanto
                   os cause que os hable un muerto,
                   que siempre asombra lo raro.
                   Dión fue en París y en Francia
                   por santo reverenciado,
                   y hasta agora no tenemos
                   certeza de lo contrario.
                   Que va a juicio confiesa.
                   ¿Qué indicios da de pecados?
                   Ni, ¿quién dirá por aquesto
                   que Dios le haya condenado?
                   Con su divina justicia

¿quien hay recto, quién hay santo,
si con ella David dice
que nemo justificatur?
¿Pierde el tesorero fiel
su crédito y fama en algo
porque el rey le llame a cuentas
y al recibo ajuste el cargo?
Antes, si sale bien de ellas,
por prudente y recatado,
queda con nombre mayor
y con su crédito en salvo.
¿Qué justo puede alabarse
que le haya perdonado
en el juicio severo
un pensamiento liviano?
Podrá ser que este difunto
tan bien haya administrado
los talentos de su vida,
que con Dios cuenta ajustando
salga con nombre de fiel,
y premiándole su mano,
llame testigos el cielo
de la gloria que ha ganado.
Por santo le tienen todos.
¿Quién será tan temerario,
porque Dios le llame a cuentas,
que ose afirmar que no es santo?
No le ha sentenciado el juez,
pues cuentas le está tomando.
Sepamos cuál sale de ellas,
si libre, si condenado.
No sin causa quiere el cielo
que los que viéndole estamos,
para mayor honra suya,

que va a juicio sepamos.
Prosigan, si vuestra alteza
gusta, los oficios sacros,
que ya podrá ser que quede
del cielo canonizado.

Rey
                Dices, maestro, muy bien.
Hasta agora solo ha dado
noticia que va a juicio;
¿qué hombre hay que alcance tanto,
que del Tribunal eterno
libre quede, si el más santo
teme el dar cuentas a Dios?
Jerónimo está temblando
con la trompeta al oído
y la voz de: «Levantaos,
muertos, a dar a Dios cuenta».
Pues si él tiembla ¿qué me espanto,
que, imitándole Dión,
nuestro olvido despertando,
freno ponga a nuestros vicios,
y así quiera escarmentarnos?
Prosiga el fúnebre oficio.

Marcela
¡Ay, amor torpe y liviano!
Si a un santo pide Dios cuenta,
¿qué será de mí?

Roberto
                                ¡Caso raro!

(Cantan dentro.)

Voces
Responde mihi quantas habeo
iniquitates et peccata, scelera mea

atque delicta ostende mihi.

(Dión, alzándose de nuevo.)

Dión   Por justo y recto juicio
              de Dios, Juez Soberano,
              en juicio estoy.

Rey   Volvió
              segunda vez a avisarnos
              el aprieto en que se ve.

Reina   Y en mí acrecientan desmayos
              que me asombran. ¡Santo Dios!
              ¡Qué espantoso y triste caso!

Marción   Marción, desde hoy libro nuevo.
              No más sisas en el rastro,
              en la plaza, ni taberna,
              si con bien de aquesta salgo.

Marcela   ¡Jesús! Laura, aqueste aviso
              reprehende mis pecados.
              Yo haré enmienda en mi vida.

Laura   Vida nueva desde hoy hago.

Rey   Muestre aquí mi real valor
              el esfuerzo necesario.
              El fin tengo de saber
              de aqueste suceso extraño.
              Pues dice que está en juicio,
              el fin que tiene sepamos
              tan severa y justa cuenta.

Prosiga el oficio sacro.

(Cantan.)   Responde mihi, quantas habeo
                             iniquitates et peccata, scelera mea
                             atque delicta ostende mihi.

Dión   Por justo y recto juicio
                             de Dios, salgo condenado.

Reina   ¡Jesús sea con nosotros!

Todos   ¡Jesús mil veces!

Reina   Huyamos.

(Vase la Reina.)

Rey   ¡Oh, ciega opinión del mundo!
                             ¡Oh, juicios temerarios!
                             ¡Qué de ello hay que saber
                             en un corazón humano!
                             ¿Dión se condenó, cielos?
                             ¿El caritativo, el santo,
                             el recogido, el virtuoso,
                             el humilde, el cuerdo, el casto?
                             ¡Qué diferentes que son,
                             Dios eterno y soberano,
                             vuestros divinos secretos
                             de los nuestros, siempre falsos!

Roberto   Yo pienso que la soberbia
                             que al querub ha derribado
                             y engaña a la hipocresía,
                             a Dión ha condenado;

porque cuando morir quiso
dijo, loco y temerario,
más que humilde, justo y cuerdo:
«No quiero que en este paso,
según su misericordia
me juzgue Dios, porque aguardo
que por rigor de justicia
me dé el cielo que han ganado
mis virtudes y paciencia.»
Y quien fía de si tanto,
que por santo se averigua,
condenarse no es milagro.

Rey   Si eso dijo, justamente,
por loco y desatinado
la justicia le condena
quien da a la gracia de mano.
Yo voy tan lleno de asombros
como bien desengañado
de que mientras uno vive,
hasta en el último paso,
no puede fiar de sí,
pues como avisa San Pablo,
quien está en pie, tenga cuenta
no caiga, que es todo engaños.

(Vase el Rey.)

Marcela   Al fin se canta la gloria.
No hay hombre cuerdo a caballo;
camino es aquesta vida
llena de enredos y lazos.
En un monasterio quiero,
si hasta aquí me he despeñado,

buscar por sendas estrechas
otro más seguro y llano.

Laura   En todo quiero imitarte.

Marción   Desde hoy me vuelvo ermitaño
o motilón de un convento.
Adiós, mundo inmundo y falso.

(Vanse Marcela, Laura y Marción.)

Bruno   ¿Qué hacemos aquí suspensos,
señores? ¿Qué dilatamos
nuestra salvación? ¿Qué hechizos
nos desvanecen? ¿Qué encantos?
¿Qué importan letras y estudios,
dignidades, honras, grados,
libros, cátedras, oficios,
si se condenan los sabios?
Dichoso el pobre pastor
que entre el grosero ganado,
ignorante para el mundo,
para los discretos zafio,
es para Dios elocuente.
Decid, ¿qué le aprovecharon
fama y opinión de bueno
a quien para Dios fue malo?
Abrid los míseros ojos;
no os predican desengaños
los vivos ya solamente;
los muertos nos están dando
voces y ejemplos seguros.
Púlpitos son ya de humanos
los túmulos, desde donde

un muerto está predicando.
Si desengaños buscáis
donde con torpes halagos
no os divirtáis, el que veis
es el mayor desengano.
Dión, tenido en París
por un vivo simulacro
de santidad y virtud,
sin bastarle los trabajos
de estudios y de desvelos,
el verse reverenciado
de los príncipes y reyes,
de los plebeyos y bajos;
sin dalle ayuda sus letras,
magisterios, honras, cargos,
se condena, y por su boca
pronuncia su horrendo fallo.
¿Y esperaremos nosotros
en las cortes y palacios,
entre ocasiones lascivas,
entre tanto enredo y lazo
salir libres? ¿No es locura?
Amigos, desengañáos,
pues el que presente vemos,
es el mayor desengaño.
A vida tan breve y corta,
a tan inefable plazo,
a juez tan recto y severo,
a tan apretados cargos,
¿no despertamos, señores?
¿Nos dormimos descuidados?
¿Nos entretenemos locos?
¿Nos divertimos ingratos?
Si un predicador difunto

no es suficiente a quitarnos
vendas de los ojos ciegos,
prisiones de pies y manos,
¿qué desengaño lo hará?
¿Tan contumaces estamos
que ya para convertirnos
son necesarios milagros?
¡Oh, mil veces venturosos
desengaños! Ya me aparto
de ocasiones, pues he visto
hoy el mayor desengaño.

Roberto   A persuasiones tan ciertas,
¿qué bronce, Bruno, qué mármol
podrá resistir rebelde?
Un muerto vivo está dando
liciones al ambicioso,
y un vivo muerto miramos
en ti, pues al mundo mueres
y predicas desengaños.
Pues de los despeñaderos
nos apartas, ve guiando
al camino, que nosotros
queremos seguir tus pasos.

Lucio   Por mi capitán te elijo.

Filipo   A tu sombra asegurado
procuraré desde hoy más
escarmentar mis pecados.

Bruno   Eso sí, amigos discretos;
en los desiertos y campos
aún no está un hombre seguro,

¿cómo lo estará en patacio?
En ellos Pedro a Dios niega,
y para llorar agravios
hechos contra el cielo,
busca cuevas que ocultan peñascos.
Lloremos con él nosotros,
y también con él huyamos
ocasiones engañosas,
pues lo son de vuestro daño.
Una orden de vivir
muriendo, quiero enseñaros,
donde aprisionéis sentidos,
enemigos no excusados;
freno a la lengua el silencio
ha de poner, y candados
a los oídos y ojos,
si nos despeñan regalos.
Penitencias nos den vida;
perpetuo ayuno le mando
a mi cuerpo, sin que guste
otro manjar que pescado.
Prisión y cárcel perpetua
tendrán a los pies livianos
a raya, y en su clausura
darán al alma descanso.
No ha de entrar mujer
jamás en parte donde vivamos,
ni en la iglesia que labremos,
que así el peligro excusamos.
Si este modo de vivir
admitís, y como hermanos
debajo de la conducta
de Dios, os llamáis soldados,
respondedme brevemente.

Roberto

Todos humildes te damos
la obediencia desde aquí,
poniendo a tus pies los labios.

Bruno

Pues supliquemos a Dios
ponga su divina mano
y ayude nuestros principios,
porque firmes prosigamos.
Pero, atended; ¿qué es aquesto?

(Se pondrán de rodillas. Suena música, y aparece sentado en un sitial el Papa Hugo, y un Ángel va bajándo por invención, con siete estrellas en la mano.)

Lucio

Un ministro soberano,
abriendo Dios nuestros ojos
y su potencia llevando,
al sucesor de San Pedro
llega, y con celestes rayos
consuela nuestro temor.
¡Qué favor tan soberano!

Ángel

Piloto, que este gobierno
de la nave que surcando
almas para Dios flectúa,
tienes dichoso en la mano;
Dios quiere que prevalezca
a tu sombra y con tu amparo
una nueva religión,
que Bruno desengañado
comienza a fundar agora.
A tus pies con seis letrados
que con él el mundo dejan,
vendrá; procura animarlos,

que todos siete han de ser
fundamentos soberanos
de esta fábrica divina,
significada en los rayos
de estas siete estrellas puras.
Ya les da sitio y espacio
el valle de la Cartuja,
de quien el renombre santo
tomará su religión.

(Cúbrese con música el Ángel.)

Hugo   Si alista tales soldados
              nuestra militante iglesia,
              postrará viles contrarios.
              Yo les doy mi bendición.

(Cúbrese el Papa.)

Bruno   Dadme todos esos brazos
              en albricias de mi gozo,
              y en ejecución pongamos
              nuestros propósitos justos.

Roberto   Si escarmienta el cuerdo y sabio
              en desengaños, aquéste
              es el mayor desengaño.

              Fin de la comedia

Libros a la carta

A la carta es un servicio especializado para

empresas,

librerías,

bibliotecas,

editoriales

y centros de enseñanza;

y permite confeccionar libros que, por su formato y concepción, sirven a los propósitos más específicos de estas instituciones.

Las empresas nos encargan ediciones personalizadas para marketing editorial o para regalos institucionales. Y los interesados solicitan, a título personal, ediciones antiguas, o no disponibles en el mercado; y las acompañan con notas y comentarios críticos.

Las ediciones tienen como apoyo un libro de estilo con todo tipo de referencias sobre los criterios de tratamiento tipográfico aplicados a nuestros libros que puede ser consultado en Linkgua-ediciones.com .

Linkgua edita por encargo diferentes versiones de una misma obra con distintos tratamientos ortotipográficos (actualizaciones de carácter divulgativo de un clásico, o versiones estrictamente fieles a la edición original de referencia). Este servicio de ediciones a la carta le permitirá, si usted se dedica a la enseñanza, tener una forma de hacer pública su interpretación de un texto y, sobre una versión digitalizada «base», usted podrá introducir interpretaciones del texto fuente. Es un tópico que los profesores denuncien en clase los desmanes de una edición, o vayan comentando errores de interpretación de un texto y esta es una solución útil a esa necesidad del mundo académico.

Asimismo publicamos de manera sistemática, en un mismo catálogo, tesis doctorales y actas de congresos académicos, que son distribuidas a través de nuestra Web.

El servicio de «libros a la carta» funciona de dos formas.

1. Tenemos un fondo de libros digitalizados que usted puede personalizar en tiradas de al menos cinco ejemplares. Estas personalizaciones pueden ser de todo tipo: añadir notas de clase para uso de un grupo de estudiantes, introducir logos corporativos para uso con fines de marketing empresarial, etc. etc.

2. Buscamos libros descatalogados de otras editoriales y los reeditamos en tiradas cortas a petición de un cliente.